航天科技图书出版基金资助出版

航天企业班组效能理论与实践

任全彬　著

中国宇航出版社
·北京·

图书在版编目（CIP）数据

航天企业班组效能理论与实践 / 任全彬著. -- 北京 : 中国宇航出版社, 2025. 4. -- ISBN 978-7-5159-2522-6

Ⅰ. F426.5

中国国家版本馆CIP数据核字第2025RS0659号

责任编辑 赵宏颖　　**封面设计** 王晓武

出版发行 中国宇航出版社

社　址 北京市阜成路8号　**邮　编** 100830
(010)68768548

网　址 www.caphbook.com

经　销 新华书店

发行部 (010)68767386　(010)68371900
(010)68767382　(010)88100613（传真）

零售店 读者服务部　(010)68371105

承　印 北京厚诚则铭印刷科技有限公司

版　次 2025年4月第1版
2025年4月第1次印刷

规　格 787×1092

开　本 1/16

印　张 11.25

字　数 274千字

书　号 ISBN 978-7-5159-2522-6

定　价 68.00元

航天科技图书出版基金简介

航天科技图书出版基金是由中国航天科技集团公司于2007年设立的，旨在鼓励航天科技人员著书立说，不断积累和传承航天科技知识，为航天事业提供知识储备和技术支持，繁荣航天科技图书出版工作，促进航天事业又好又快地发展。基金资助项目由航天科技图书出版基金评审委员会审定，由中国宇航出版社出版。

申请出版基金资助的项目包括航天基础理论著作，航天工程技术著作，航天科技工具书，航天型号管理经验与管理思想集萃，世界航天各学科前沿技术发展译著以及有代表性的科研生产、经营管理译著，向社会公众普及航天知识、宣传航天文化的优秀读物等。出版基金每年评审2次，资助30～40项。

欢迎广大作者积极申请航天科技图书出版基金。可以登录中国航天科技国际交流中心网站，点击“通知公告”专栏查询详情并下载基金申请表；也可以通过电话、信函索取申报指南和基金申请表。

网址：http：//www. ccastic. spacechina. com

电话：（010）68767205，88530006

前言

新时期，面对复杂严峻的国际竞争形势，国家对航天高性能、低成本、规模化的研制需求更加迫切。采用以生产要素累加的传统方式已难以满足国家对高端装备供给的需求。为加速适应新质生产力特点，实现产业高质量可持续发展要求，航天企业必须走出一条以价值创造为本的创新发展新道路。班组作为航天企业基本的研制和生产单元，是科技创新的前沿，是生产制造的主体。班组的价值创造能力体现在以更为有效的生产组织方式达到预期经济目标的程度，即班组效能。构建班组效能评价体系，发挥好班组价值创造作用，已成为航天事业高质量发展的关键，国家武器装备任务完成的有力保障，航天强国和世界一流军队建设的根本需要。鉴于航天生产任务的增加与资源有限投入所导致的现实问题，企业亟须对班组效能进行科学的量化评价并制定有效的提升路径，以确保各项研制、生产任务的顺利完成。

本书以高质量完成科研生产任务，精细化管控企业运营成本，提高一线班组的价值创造能力为目标，综合运用生产效率、数据包络分析及运营管理等理论方法，提出班组效能概念，建立“多投入-多产出”的班组效能量化评价模型，结合班组差异化运营特征确定个性化指标，构建多层级 DEA 模型（即 Data Envelopment Analysis，数据包络分析）融合创新的班组效能测算方法，对班组效能进行静态量化自评价，运用非参数的曼奎斯特(Malmquist)生产率指数与自举法（Bootstrap）对同类班组效能进行动态横向评价，建立了“模型＋指标＋方法”自评价和横向评价相结合的班组效能量化评价体系。本书开展了科研类、生产类以及保障类班组效能量化评价，分析了制约班组中个体效能提升的短板和瓶颈，揭示了制约班组整体效能提升的影响因素，分层制定了班组效能提升措施，形成了班组效能提升的多层级联动管理模式。

全书一共分为 4 个部分，具体内容如下：

1）第 1 篇 基础理论篇。在构建班组效能理论体系的基础上，结合班组运营系统的结构特征，提出班组效能测算的理论模型，根据 DEA 模型原理提出班组效能测算方法，并建立科研类、生产类以及保障类班组效能指标体系。

2）第 2 篇 诊断分析篇。立足班组的静态效能、动态效能与绝对效能的测评工作，从班组效能增长贡献率、效能—产出增长率以及效能改进路径等方面揭示班组效能存在的问题，为班组效能诊断工作提出具有可行性的方法。

3）第 3 篇 优化实践篇。根据班组效能诊断结果及其存在的不足，从运营管理及技术创新方面提出促进班组效能提升的策略。

4）第 4 篇 效果评价篇。根据效能效果评价模型，开展班组效能比较、效能预测、成本调控和产能决策分析，并揭示班组效能提升的具体效果。

本书的顺利出版离不开航天企业基层班组提供的丰富资料，特此，对他们致以衷心的感谢。同时，特别感谢王国庆院士和冯耕中教授的悉心指导和热情帮助以及中国宇航出版社编辑辛勤付出，他们的支持和帮助是本书能够成功问世的关键。再次感谢各位！

此外，受作者知识水平所限，书中难免存在疏漏与不足之处，恳请各位读者不吝指正。作者将诚挚地接受大家的批评与建议，不断完善，以期待此书能为您的工作带来一些启发和帮助。

任全彬

2024 年 9 月

目　录

第1篇　基础理论篇

第 2 篇 诊断分析篇

第3篇　优化实践篇

第1篇　基础理论篇

第1章　班组效能理论

1.1　班组的定义及特征

班组作为企业内部实施产品研发、生产经营活动及管理工作的基层组织单元，是根据企业的劳动分工、协作需求以及工艺或产品（劳务）要求划分的基本作业单位。它不仅是企业组织生产经营活动的基础，也是最基层的生产管理组织。企业的所有生产活动均在班组中进行，因此，班组的工作表现直接影响到企业的生产经营绩效。班组特征详见表1-1。

表1-1　班组特征

特征	含义
小规模	班组通常由10～15名成员组成，规模较小，成员之间沟通和协作更便利，有助于增强团队凝聚力和互动效率，提高工作效率
任务明确	各工作班组承担着既定的工作任务与职责，各自投身于特定的作业范畴，这使得工作界限与目标更为鲜明。这样的布局极大地提高了班组成员的工作专注度，为其高效完成任务提供了有力保障
协作性强	班组成员需要互相促进、互相帮助，并紧密配合来共同解决问题和执行任务。这种协同合作可以提高班组在多样化挑战和突发事件面前的高效应对能力。因此，建立班组成员间的协作机制非常重要
相对稳定	班组成员在一段时间内相对稳定，如人员流动少，有助于团队成员之间形成默契与信任并增强团队凝聚力 稳定的成员关系能够提高协作效率，减少沟通障碍，增强团队的协调性和合作性 成员之间易于相互了解，形成更好的协作模式和角色分工，使团队能够更好地应对挑战和解决问题，提高工作效率和质量

班组中，班组长作为班组的直接领导者，其业务与管理技能的熟练程度及管理水平对生产进度和产品质量有直接影响，进而对企业的生产经营产生重大影响。班组成员在班组长的领导下，各自承担明确的责任并紧密合作，共同致力于完成既定的产品研制任务。

1.2　班组效能的概念及辨析

1.2.1　效能的内涵及辨析

效能是衡量行为主体为实现目标所付出努力程度的指标，反映了行为主体的功能发挥、效益实现和目标达成程度，综合了目的与手段、过程与结果以及效率与效益。其中，行为主体指的是以高效率完成任务或达成目标的个体、团队或组织。根据行为主体的不同，效能可分为3类：1）装备系统使用效能；2）组织经济效能；3）政府部门行政效能。

鉴于行为主体是能够根据资源输入执行相应的行动，并产生预期结果的实体，因而应将其视为一个系统。这个系统有几个主要特点：首先，它由多个投入和多个产出构成，这些要素决定了系统的效率和效益；其次，系统中的投入要素、产出要素之间具有相互关联和相互作用的关系，从而推动系统的动态变化；最后，为了实现系统目标，系统会通过控制和反馈机制来调整自身的行为和性能，构成系统的基本运作方式。

目前，学界对效能的定义尚未达成统一，不同组织提出了不同的定义。梁百川和唐世荣（1998）认为效能是对系统达到规定目标程度的定量表示，是对系统进行分析比较的一种基本标准。2005 年颁布的《可靠性维修性保障性术语》的军用标准（GJB 451A—2005）中将效能一词定义为：系统在规定的时间和条件下，能够满足某一组特定任务要求的程度。潘高田等（2007）认为装备系统在特定的一组条件下完成规定任务的能力的大小称为系统效能，该指标是一个需要从综合角度衡量的数量指标。白松浩（2010）将系统效能定义为系统实际行为表现与系统目标之间的匹配程度。王立民（2017）认为效能是达到系统目标的程度，是事物质和量发展到一定阶段的统一，表现为事物自身条件与外部环境的适应性，事物内部诸要素运行的合理性，以及事物发展过程中的协调性。科学合理的效能目标能够准确反映事物本质，揭示事物发展规律。可见，以上效能定义主要是针对装备系统效能而言的，缺少对班组效能的定义。

1.2.2 班组效能的概念

班组效能可以被定义为，班组通过采用更为高效的研发或生产组织方式，所能达到预期经济目标的程度。其中，高效的研发或生产组织方式主要指以下几点：

1）团队协作。通过优化组织结构、合理的任务分配及协调，形成高效的班组运营流程，最大限度地利用班组的研发或生产资源和时间，实现更高的生产效率和更快的交付速度。

2）精益生产。班组需要采用精益生产方式，充分利用数字化设计、模拟、生产和管理等智能制造技术，不断追求生产过程优化和产品质量提高，减少资源投入与时间浪费，提高生产效率，使其在快速变化的市场环境下保持竞争力。

3）开放式创新。科研班组需要加强和全球范围内的科研机构和企业的合作关系，并对来自不同领域的技术和创意进行开放式创新，以提高生产效率和科技创新能力。

需要明确的是，班组所开展的科研、生产活动实际上也构成了一个运营系统，具体测量班组效能时需要注意以下几点：

1）班组实际上是一个具有“投入→产出”结构的生产或经济系统，班组效能概念及测量要体现系统的结构问题；

2）不能仅从某一个方面衡量班组效能，要能全面反映班组的“多投入—多产出”结构；

3）班组效能需要充分兼顾资源、过程与目标之间的联系，从整体上考虑效能衡量问题。

1.3　班组运营系统的结构及特征

以科研班组为例，班组运营系统结构及特征如图 1－1 所示。

1）班组所产出的研发成果能够满足上级部门的需要，体现决策的效果；

2）不能单看班组产出的绝对水平，需要兼顾资源的投入水平，体现班组的效率；

3）班组效能的特征就是转换，表现为科技创新资源的转换过程，也是价值创造的过程，即：投入（资源）→转换（过程）→产出（目标）→反馈（战略）。

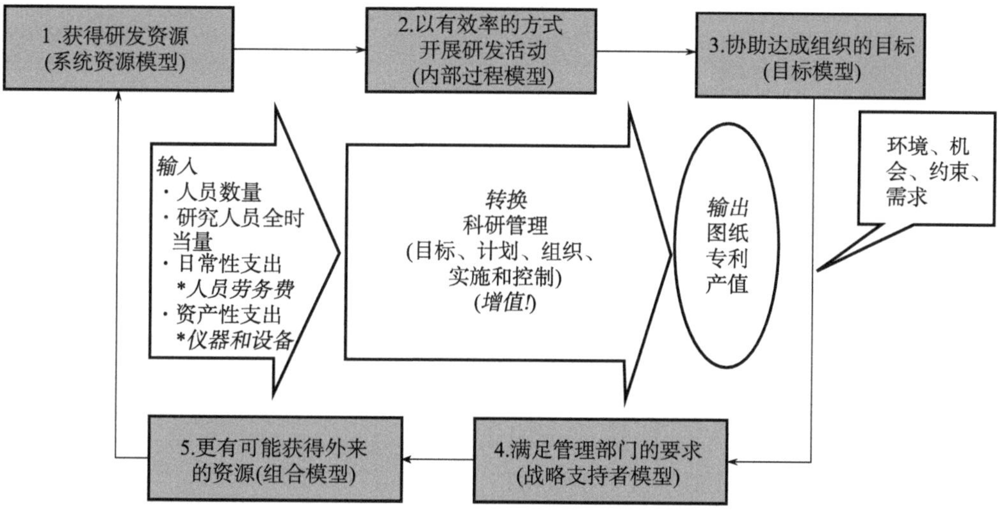

图 1－1　班组效能模型

由此可见，班组效能还应具有以下两层含义：一是班组的研发或生产的产品或服务能够实现预期经济目标的程度，体现经济效益达成的程度；二是不能单看班组产出的绝对水平，需要兼顾资源的投入水平，综合体现班组的运营效率。

总之，班组效能不仅是衡量经济效益实现的关键指标，还是一种用于分析经济效率的管理工具。

1.4　班组效能的量化评价模型

根据生产效率理论，设 P'_j 为班组总投入所能达到的最优总产出水平，即预期总产出。其效能计算等同于班组的相对效率计算，具体公式如下

$$E_j = \frac{P_j}{P'_j} \Leftrightarrow E_j = \frac{\sum u_{rj} y_{rj}}{\sum v_{ij} x_{ij}} \tag{1-1}$$

由式（1－1）可知，班组效能 E_j 为实际总产出 P_j 与预期总产出 P'_j 的比值，根据生产率理论，E_j 等价于总产出 $\sum u_{rj} y_{rj}$ 与总投入 $\sum v_{ij} x_{ij}$ 的比值。

总产出 $\sum u_{rj}y_{rj}$ 中，u_{rj} 表示第 r 种产出的权重系数，y_{rj} 表示第 r 种产出。

总投入 $\sum v_{ij}x_{ij}$ 中，v_{ij} 表示第 i 种投入的权重系数，x_{ij} 表示第 i 种投入。

鉴于以上“多投入—多产出”的效能测算需求，班组效能量化评价不能采用一般的生产或经济函数（函数映射基本为“一对一”或“多对一”的关系）对其进行测算，需要选取合适的方法。

第2章　班组效能的评价方法

针对班组“多投入—多产出”的结构特征，建立班组效能量化评价模型，确定个性化评价指标，选定数据包络分析方法（Data Envelopment Analysis，DEA）作为评价的基本方法，解决班组效能标杆信息获取难和指标量纲对效能测算影响的问题，实现班组效能的量化自评价，识别制约单个班组效能的短板问题，制定精准高效的效能提升措施。在此基础上，对同类班组效能进行动态横向评价，分析并确定影响班组效能的共性问题，从组织管理层面制定效能提升路径，为公司科研生产能力建设、技术攻关、计划管理、成本管控等工作提供科学的决策依据，推动一线班组提高价值创造能力。

2.1　班组效能诊断评价与分析方法

2.1.1　班组效能评价存在的问题

开展班组效能评价工作对于提升班组整体实力、优化工作流程以及促进企业发展具有关键意义。在目前的班组效能评价实践中仍存在着一些问题，这些问题的存在严重影响了班组效能评价结果的准确性和有效性，具体表现为：

1）缺少科学的量化评价方法。目前的效能评价主要以问卷调查、调研访谈、目标考核等定性评价方法为主。

2）缺少系统评价班组效能的有效指标。单一的生产或科研要素的效益指标，比如人均产值、人均产量、人均出图量、人均科研产值，虽然能够反映班组效能的某一方面，但难以反映“多投入—多产出”班组运营系统的特征，也难以体现要素之间的联系与替代关系，不能从班组运营的总成本层面评价班组效能。

3）难以有效获取可供参考和比较的同类班组效能标杆信息。班组效能评价需要获取企业内部或外部同类班组效能的标杆信息，鉴于航天企业的行业特点，获取这类有效信息的可行性较低。

4）难以获取班组投入成本和产出价值的财务数据。受制于目前单位财务核算制度，难以全面准确地获取一线班组的投入成本和产出价值的财务数据。

5）需要解决不同班组效能的横向比较。不同班组具有各自独特的运营特征，效能评价涉及的生产或科研要素指标差异性大，需要对班组效能进行无量纲的评价，才能更好地实现班组效能的横向比较。

2.1.2　班组效能评价方法选择

为避免生产函数形式与评价指标量纲的复杂性，简单、科学、高效地开展班组效能量化评价工作，综合考虑多种主流效能测算方法的优缺点，最终选择 DEA 分析模型作为评价分析方法。

DEA 模型最初由查恩斯（Charnes）、库柏（Cooper）和罗德斯（Rohdes）在 1978 年提出，其核心思想是基于生产函数的理论和线性规划技术来构建一个理想的生产效率边界。通过评估各决策单元与最佳生产效率边界的偏差程度，计算得出相对生产效率。因而在生产前沿面上的决策单元的 DEA 效率能达到最优，即效率值为 1。相反，DEA 非有效的决策单元效率则等于其在生产前沿面投影点向量的长度与原投入（或产出）要素的向量长度的比值，投影点便代表该决策单元原投入（或产出）所能达到的最小值（或最大值）。因此，效能的取值范围在 0～1 之间。

DEA 模型具有以下特点：1）适用于多投入与多产出的经济系统效能评价；2）无须预设特定的函数形态；3）不对评价指标的量纲设定具体要求。经典 DEA－CCR 模型如下。

（1）DEA－CRR 的比例模型形式

假设在规模报酬不变的条件下，将每个班组视为一个决策单元（DMU），每个 DMU_j ($j=1, 2, \cdots, n$) 包含 m 种资源投入 x_i ($i=1, 2, \cdots, m$) 和 q 种生产产出 y_r ($r=1, 2, \cdots, q$) 。第 k 个班组（DMU_k）的效能 θ_k 的测算模型为

$$\theta_k = \text{Max}\frac{u_r y_{rk}}{v_i x_{ik}}$$

$$\text{s. t.}\begin{cases}\dfrac{u_r y_{rj}}{v_i x_{ij}} \leqslant 1, j=1,2,\cdots,n \\ u_r \geqslant 0, r=1,2,\cdots,q \\ v_i \geqslant 0, i=1,2,\cdots,m\end{cases} \tag{2-1}$$

式（2－1）为班组效能的比例模型形式，$\boldsymbol{v}$ 与 $\boldsymbol{u}$ 都是大于等于 0 且分别代表投入和产出权重的向量。

（2）DEA－CRR 的包络模型形式

令 $t=1/v_i x_{ik}$ ，$w=tv$ ，$\mu=tu$ ，则 $wx_k=1$，将其代入到式（2－1）中，再经对偶变换，得到 DEA 模型的包络形式，具体见式（2－2）

$$\text{Min } \theta_j$$

$$\text{s. t.}\begin{cases}\sum_{j=1}^{n}\lambda_{jk}x_{ij} + s_i^- = \theta_k x_{ik}, i=1,2,\cdots,m \\ \sum_{j=1}^{n}\lambda_{jk}y_{rj} - s_r^+ = y_{rk}, r=1,2,\cdots,q \\ \theta_k, \lambda_{jk} \geqslant 0, j=1,2,\cdots,n\end{cases} \tag{2-2}$$

在式（2－2）中，λ 表示 DMU（班组）的线性组合系数，s_i^- 、s_r^+ 分别表示投入要素与产出要素的松弛变量。θ_k 表示第 k 个 DMU 的班组效能，其取值范围在 0 到 1 之间。

1）当 $\theta_k=1$ 时，表明第 k 个 DMU 正好位于生产前沿面上，说明班组生产经营活动处于技术有效状态，即在班组产出不变的情况下不需要减少任意投入要素的数量。

2）当 $\theta_k < 1$ 时，表明第 k 个 DMU 远离生产前沿面，说明班组的生产经营活动处于非技术有效状态，即投入要素存在冗余，在班组产出不变的情况下各项投入要素应该等比例地缩减（$1-\theta_k$）倍。

当决策单元（班组）数量少，研发投入与产出要素的数量和是决策单元数量的 2 倍以上时，班组效能评价会出现多个 1 的结果，失去后续效能改进的意义，因而需要对现有模型进行改进。

2.1.3　班组效能诊断评价方法

结合 DEA 模型测算原理与效能分析的实际需要，本书将每个班组作为独立的评价对象，将每一年的班组运营数据作为测评样本，并选取班组近 5 年的数据，采用基于时间序列的班组效能标杆寻优法，测算班组相对效能。为解决小样本效能测算结果无法区分、产出或投入指标权重等于 0 的问题，需要改进创新 DEA 模型。经过反复的试点应用、有效性验证和修正完善，有机融合三类 DEA 模型，确定了班组效能量化评价方法的步骤，具体介绍如下。

（1）班组效能标杆识别方法

为了解决班组效能测算结果出现多个值为 1 的问题，安德森和皮特森（Andersen & Petersen）（1993）提出了一种 DEA 改进模型，即超效率模型，用于区分各班组的效能。该模型的核心思想是，在测算时，将被评价的班组从参考集中剔除。这样被评价班组的效能将通过参考其他班组所构成的生产前沿面来计算。因此，有效的班组其超效率值会大于 1，从而实现对班组效能的有效区分。具体方法如下

$$\text{Min}\theta_k$$

$$\text{s. t.}\begin{cases}\sum\limits_{\substack{j=1\\j\neq k}}^{n}\lambda_j x_{ij}+s_i^-=\theta_k x_{ik},i=1,2,\cdots,m\\\sum\limits_{\substack{j=1\\j\neq k}}^{n}\lambda_j y_{rj}-s_r^+=y_{rk},r=1,2,\cdots,q\\\theta_k,\lambda_j\geqslant 0\end{cases}\tag{2-3}$$

由式（2-3）可知，超效率 DEA 模型是在原有经典 DEA 模型参考集中剔除了 DMU_k，即增加 $j\neq k$ 的约束条件下获得的。虽然，超效率 DEA 模型能够识别出班组效能标杆，但却无法准确估计 DMU_k 的预期产出目标，因而需要进一步构造虚拟标杆。

（2）班组效能虚拟标杆构建方法

DEA-CRS 模型效能测度的核心思想是利用班组的实际总产出 $\sum u_{rj}y_{rj}$ 与其在生产前沿面上的投影点 $\sum\lambda_j y_{rj}$ 的比值进行表征，$\sum\lambda_j y_{rj}$ 恰是班组的预期目标产出。但由于 $\lambda_{jk}(\lambda_{jk}\neq 0)$ 是班组产出要素参照标杆产出要素进行的同比例缩放系数，不能体现班组产出要素间边际替代率的差异性。因此，本书借鉴 Zhu（2000）和 Lu（2016）等的经验，根据投入和产出要素的组合分类方法，将班组效能测算模型划分为 $w=$

$(2^m-1)(2^q-1)$ 种类型，以计算得出潜在更为理想的预期目标产出。其中，第 t 种类型 DEA 模型下的 θ_k^t 测算模型如下

$$\text{Min}\theta_k$$

$$\text{s.t.}\begin{cases}\sum_{j=1}^{n}\lambda_{jk}^{t}x_{ij}^{t}\leqslant\theta_k^t x_{ik}^{t},i=1,2,\cdots,m\\\sum_{j=1}^{n}\lambda_{jk}^{t}y_{rj}^{t}\geqslant y_{rk}^{t},r=1,2,\cdots,q\\\theta_k^t\geqslant 0\\\lambda_{jk}^{t}\geqslant 0\end{cases}\tag{2-4}$$

由式（2-4）可知，λ^t 为第 t 种 DEA 模型下 DMU_k 对标杆 DMU_j 投入、产出要素的参考程度。为消除数据指标规模因素的影响，对 λ^t 进行标准化，对 w 种 λ^t 标准化后系数加和，得到 DMU_k 对标杆 DMU_j 投入、产出要素的理想参考程度 $\tilde{\lambda}_{pj}^{k}$。因此，班组投入要素的理想虚拟标杆投入为 $\sum\tilde{\lambda}_{pj}^{k}x_{pj}$，产出要素的理想虚拟标杆产出则为 $\sum\tilde{\lambda}_{rj}^{k}y_{rj}$。

（3）班组效能测算方法

将班组效能虚拟标杆（$\sum\tilde{\lambda}_{pj}^{k}x_{pj}$，$\sum\tilde{\lambda}_{rj}^{k}y_{rj}$）带入到 DEA 保证域模型，避免经典 DEA 模型测算效能出现权重系数为 0 的情况，同时也避免多个 1 结果的出现。

$$\text{Max}\mu y_{rk}$$

$$\text{s.t.}\begin{cases}wx_{rj}-\mu y_{rj}\geqslant 0,j=1,2,\cdots,n\\wx_{rk}=1\\Lx_{ik}\leqslant\dfrac{w_i x_{ik}}{\sum_{i=1}^{m}w_i x_{ik}}\leqslant Ux_{ik},i=1,2,\cdots,m\\Ly_{rk}\leqslant\dfrac{\mu_r y_{rk}}{\sum_{r=1}^{q}\mu_r y_{rk}}\leqslant Uy_{rk},r=1,2,\cdots,q\\w\geqslant 0\\\mu\geqslant 0\end{cases}\tag{2-5}$$

这里，μy_{rk} 为班组效能值，其取值范围在 0 到 1 之间。L 代表每种投入（或产出）要素占总投入（或总产出）比重的下限，U 代表每种投入（或产出）要素占总投入（或总产出）比重的上限。并且，所有投入（产出）指标的下限权重和需小于 1，所有投入（产出）指标的上限权重和需要大于 1。

2.1.4 班组效能诊断分析方法

（1）班组投入资源利用效率分析方法

班组资源利用效率指的是班组在产出水平不变的情况下对人、机、料、法、环等资源的利用程度，反映班组运营成本情况。它的计算是通过模型得出的每项期望（最优）投入

与实际投入的比值，反映班组想要达到现有产出水平所需最佳的资源投入程度，具体计算公式如下

$$班组投入资源利用效率=\frac{期望投入}{实际投入}\times 100\% \tag{2-6}$$

在式（2－6）中，期望投入是根据班组运营管理分析所能达到的最小投入，它是通过DEA 保证域模型的对偶模型测算得出的最优投入。实际投入是班组在实际工作中所实际投入的生产或科研资源。

通过监控和评价班组投入资源利用效率，可以及时识别班组实际运营中存在的资源浪费或闲置情况，发现影响工作效率提升的关键瓶颈，避免资源的重复投入和不必要的成本开支，发挥效能标杆的示范影响作用，实现班组资源配置优化、工作效率提升、成本降低和竞争力提升。

（2）班组期望产出率分析方法

班组期望产出率指的是班组在投入水平不变的情况下产出需要增加的程度，反映班组的工作效率和生产能力。期望产出率为模型计算得出的每项产出期望（最优）与实际产出的比值，反映班组维持现有资源投入的水平下所期望达到的最佳产出程度。

$$班组期望产出率=\frac{期望产出}{实际产出}\times 100\% \tag{2-7}$$

在式（2－7）中，期望产出是根据对工作任务和要求的分析、资源分配和工作时间安排等因素所得出的预期结果，它是通过 DEA 保证域模型对偶模型测算得出的。实际产出是班组在实际工作过程中所实际完成的产出量。班组期望产出率的数值较高，表示班组需要完成的任务量较大，需要提高生产能力。反之，如果期望产出率较低，则意味着班组工作效率较高，能够较好地完成工作任务，具有较高的生产能力。

通过监控和评价班组期望产出率，可以及时发现问题和不足，为班组提供改进和提高的方向和措施。为此，班组管理者可以采取一些措施，如设定合理的工作目标和任务、提供必要的培训和支持、优化工作流程等，以提高班组的期望产出率。

（3）投入视角下班组效能提升路径

①班组投入资源利用效率-重要程度分析矩阵

班组投入资源利用效率-重要程度分析矩阵的作用是帮助管理者评价班组提升资源利用效率对效能改进的重要程度，分类确定针对资源利用效率的改进措施。该矩阵以 0.95 作为界值，将资源利用效率分为高和低两个等级；同时以 20%作为界值，将重要程度分为重要和不重要两个等级，并将班组投入资源利用效率-重要程度分析矩阵划分为四个象限，具体如图 2－1 所示。

综合考虑班组资源利用效率与要素的重要程度对效能的影响，将投入指标划分为四种类型。其中：研发全时当量和绩效工资具有较高的利用效率和重要性，它们属于关键改进领域的指标。研发全时当量可以衡量研发人员在研发项目中的工作量，通过对研发全时当量的优化，可以提高研发效率和产出，从而有效利用研发资源。而绩效工资则是激励研发人员的重要手段，对于提高研发人员的积极性和工作质量有重要影响。保障类差旅和开发

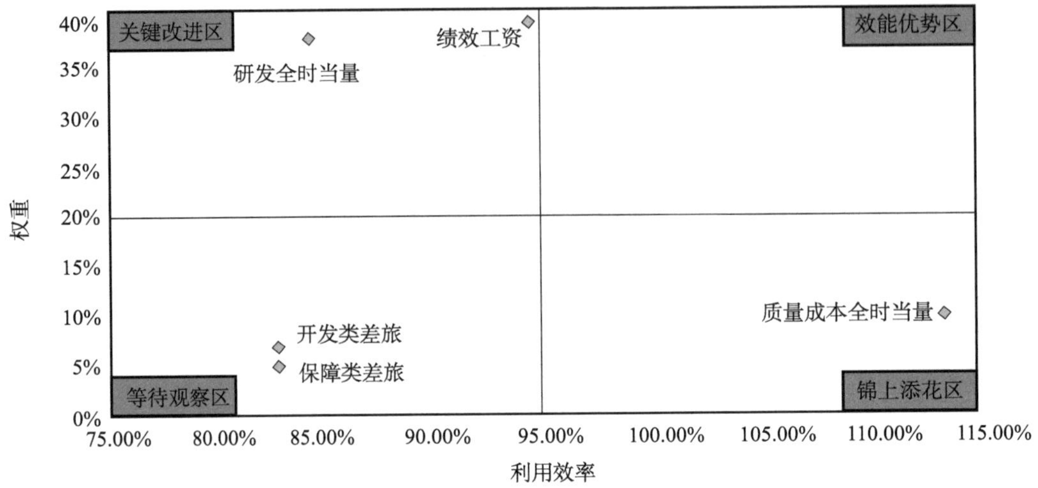

图 2-1　班组投入资源利用效率-重要程度矩阵

类差旅不仅重要程度低而且利用效率也较低，因而属于等待观察区指标。保障类差旅主要是指为了研发工作的顺利进行，需要进行的一些差旅支出。开发类差旅则是为了开发新项目或者研发新技术所需要的差旅费用。质量成本全时当量是利用效率较高、重要程度较低的指标，属于锦上添花区指标。效能优势区并未有明确的指标。

②班组投入资源利用效率改进程度与效能提升水平分析

为确定资源投入视角下班组效能改进优先路径，分析投入资源改进对效能提升的促进程度，绘制班组投入资源利用效率改进图，详见图 2-2。

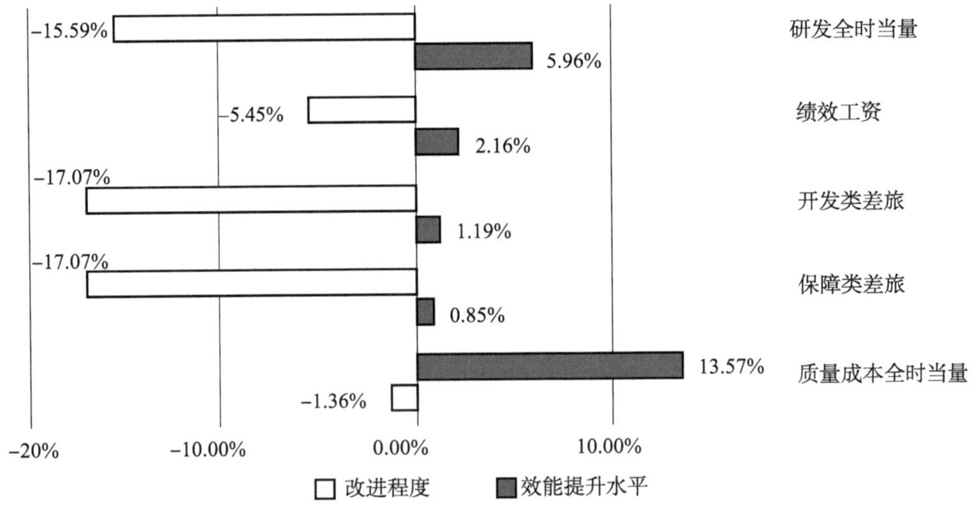

图 2-2　班组投入资源利用效率改进程度与效能提升水平

通过计算公式“改进程度=1-研发资源利用效率”和“效能提升水平=(1-研发资

源利用效率）×重要程度”可以得到图 2-2。研发全时当量优化 15.59%可提升 5.96%的效能，因此研发全时当量属于优先改进指标；绩效工资优化 5.45%可提升 2.16%的效能，因此绩效工资属于其次改进指标；开发类差旅优化 17.07%可提升 1.19%的效能，保障类差旅优化 17.07%可提升 0.85%的效能，因此开发类差旅和保障类差旅都属于再次改进指标；质量成本全时当量改进程度为正，则无需改进，因此质量成本全时当量属于保持优势指标。

通过以上分析，可以为管理者提供数据支持和决策依据，评价班组绩效的改进效果，发现潜在的效能提升点，优化资源利用和提高工作效率。例如：一些资源利用不合理或效率低下的环节，或者一些班组能够改进的工作方法和流程。这有助于班组找到潜在的效能提升点，优化工作流程，提高工作效率。

（4）产出视角下班组效能提升路径

①班组期望产出率-重要程度分析矩阵

班组期望产出率-重要程度分析矩阵的作用是帮助管理者评价提升不同产出要素率的贡献大小，分类确定针对期望产出率的改进措施。该矩阵以 1 作为界值，将班组期望产出率分为高和低两个等级；同时以 20%作为界值，将重要程度分为重要和不重要两个等级，并将班组期望产出率-重要程度分析矩阵划分为四个象限，具体如图 2-3 所示。

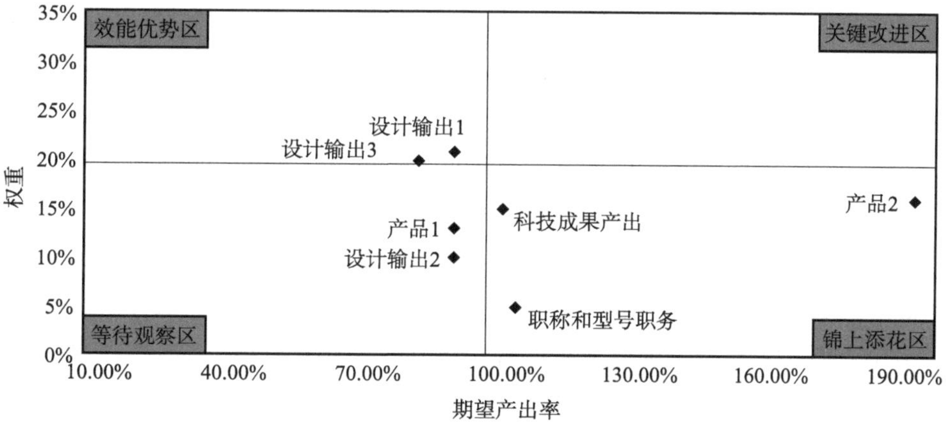

图 2-3　班组期望产出率-重要程度矩阵

在图 2-3 中，设计输出 1 和设计输出 3 指标的期望产出率小于 1，重要程度较大，属于效能优势区指标；产品 1 和设计输出 2 属于期望产出率小于 1，重要程度较小，属于等待观察区指标；科技成果产出、职称和型号职务以及产品 2 等指标的期望产出率大于 1，但重要性程度较小，属于锦上添花区指标；图 2-3 中无关键改进区指标。

可见，班组期望产出率-重要程度分析矩阵是一个有效的工具，可以帮助确定各要素的优先级、辅助决策和策略制定，以及改进产出率。通过这种方式，可以促进班组效能的提升。

②班组期望产出率与效能提升水平分析

为确定产出视角下班组效能改进优先路径，分析产出水平提升对效能提升程度的促进作用，绘制班组产出提升率与效能提升水平图，详见图 2－4 所示。

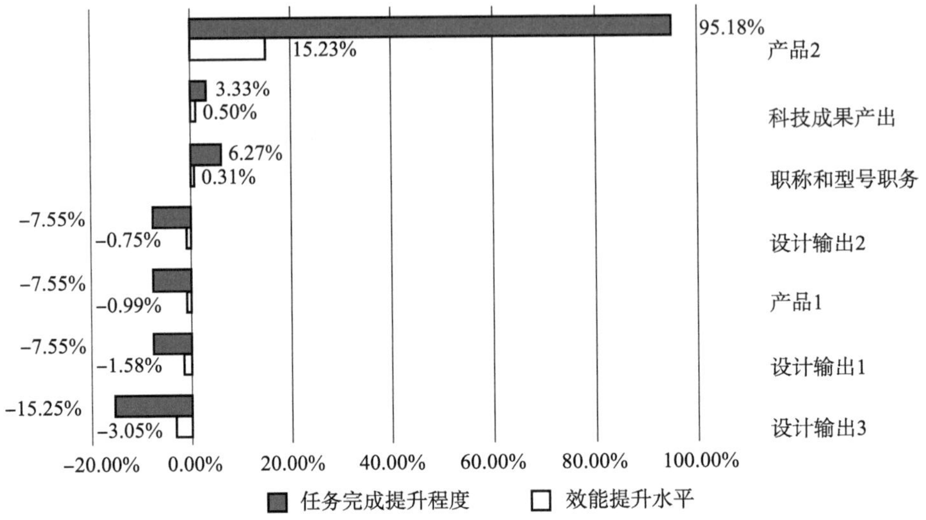

图 2－4　班组产出提升率与效能提升水平

由图 2－4 可知，任务完成提升程度＝期望产出率－1；效能提升水平＝（期望产出率－1）×重要程度。该班组的产品 2 属于重点关注指标，科技成果产出、职称和型号职务属于保持优势指标，其余指标属于不需关注指标。

通过以上分析，可以理清不同要素之间的优先级和相互关系，可以确定哪些要素对效能提升的贡献最大，优先考虑改进该要素；可以在制定决策和策略时，更有针对性地优化提升班组的效能。

（5）班组效能提升策略分析方法

为提出针对性的班组效能提升策略，将指标分为“优先改进”“其次改进”“再次改进”以及“保持优势”四种类别。其中，效能提升水平系数＞5％，归为优先改进指标；5％≥效能提升水平系数＞2％，归为其次改进指标；2％≥效能提升水平系数＞0％，归为再次改进指标；0％＞效能提升水平系数，归为保持优势指标。此划分标准由人为确定，只是便于管理，并无理论依据。此外，针对每类改进类型，本书提出固定产出降低投入、固定投入提升产出以及投入增加程度小于产出增加程度等若干项可行性策略，班组效能提升策略如表 2－1 所示。

表 2－1　班组效能提升策略

指标		改进路径				改进策略	
		优先改进	其次改进	再次改进	保持优势		
研究人员	研发全时当量	★				□固定产出降低投入	
						☑投入增加程度小于产出增加程度	为提升研发效益，需确保增量成本控制在产出增幅之下，明确研究开发的具体目标与方针，以实现研发与实际需求的深度契合，同时规避不必要的资源浪费 在项目管理方面，应细化实施计划与时间表，采纳成效显著的管理手段，保障项目能按时高效地结项。对于研发团队，需通过专业培训及资源配置提升其技术能力与作业效率，减少无效劳动 不断推动技术革新与流程优化，激励团队成员主动参与创新活动，以此提高工作成效。同时，考虑与其他企业、研究机构或高等学校开展合作，共享资源、交流技术，共同提升效率 定期对研发策略进行评审与调整，确保其持续符合市场需求，以评估结果为依据，实施必要的战略优化措施
						□投入降低程度大于产出降低程度	
						□不变	
工资福利	绩效工资		★			□固定产出降低投入	
						☑投入增加程度小于产出增加程度	为研发人员提供培训和发展机会，帮助他们不断提升技能和知识水平，有效提高工作效能
						□投入降低程度大于产出降低程度	
						□不变	

续表

指标		改进路径				改进策略	
		优先改进	其次改进	再次改进	保持优势		
研发费用	质量成本全时当量				★	☑固定产出降低投入	加强设计师对质量的把控，提高工艺质量管理，增强全员质量意识，加强质量控制，提高产品的合格率，减少超差处理，降低时间、人力和经济损失
						□投入增加程度小于产出增加程度	
						□投入降低程度大于产出降低程度	
						□不变	
	保障类差旅			★		☑固定产出降低投入	信息化＋高效保障＝视频会议、文审简化、函审、优化总装，缩短总装时间
						□投入增加程度小于产出增加程度	
						□投入降低程度大于产出降低程度	
						□不变	
	开发类差旅			★		☑固定产出降低投入	要提高日常性支出-开发类差旅的效能，需要制定明确的预算，优化差旅计划，运用技术工具，降低开发差旅活动的投入成本，提高效率和产出
						□投入增加程度小于产出增加程度	
						□投入降低程度大于产出降低程度	
						□不变	

注：请在上表□中用√选取对应的策略，并在右边相应的表格中填入提升策略。

2.2 班组效能效果评价与分析方法

2.2.1 基于固定标杆的班组效能评价方法

为保证班组效能诊断与效果评价的结果前后一致，避免模型计算偏向效能有利方向所导致测算结果不准确问题的出现，本书在保证域 DEA 模型的基础上增加约束条件 $wx_{rj}-\mu y_{rj}=0$，$j\in I_B$ 后成为 DEA 的改进模型，即固定标杆模型，具体模型如下

$$\mathrm{Max}\sum \mu y_{rk}$$

$$\text{s.t.}\begin{cases}\sum w_{ij}x_{rj}-\sum \mu_{ij}y_{rj}>0, j\notin I_B\\ \sum w_{ij}x_{rj}-\sum \mu_{ij}y_{rj}=0, j\in I_B\\ \sum w_{ij}x_{rk}=1\\ Lx_{ik}\leqslant \dfrac{w_i x_{ik}}{\sum\limits_{i=1}^{m} w_i x_{ik}}\leqslant Ux_{ik}, i=1,2,\cdots,m\\ Ly_{rk}\leqslant \dfrac{\mu_{ij} y_{rk}}{\sum\limits_{r=1}^{q} \mu_{ij} y_{rk}}\leqslant Uy_{rk}, r=1,2,\cdots,q\\ w\geqslant 0\\ \mu\geqslant 0\end{cases}\tag{2-8}$$

这里，I_B 为班组效能测算所确定的固定标杆，u_{rj} 表示第 r 种班组产出的权重系数，y_{rj} 表示第 r 种班组生产产出，w_{ij} 表示第 i 种生产投入的权重系数，x_{ij} 表示第 i 种生产投入，L 和 U 分别代表每种投入（或产出）要素占总投入（或总产出）比重的下限和上限。

2.2.2 班组效能提升效果分析方法

（1）班组效能预测

根据下一年班组在人、机、料、法、环等方面的综合投入，以及经济效益与创新成果产出情况，测算班组效能。班组根据效能的预测值，总结管理经验或制定提升策略，具体内容如表 2－2 所示。

表 2－2　班组效能预测与管理决策辅助

情况分类	效能预测值	管理决策辅助
情况 1	班组效能>1	分析合理性，总结管理经验
情况 2	班组效能<1	原因查找与提升策略制定

（2）班组成本调控方法

结合效能预测结果，分两种情况给出班组运营成本控制区间，具体内容如表 2－3 所示。

表 2-3　班组运营成本控制区间

情况分类	效能预测值	运营成本控制区间	管理意义
情况 1	班组效能>1	各项实际投入∈[各项投入预估值,各项投入期望值]	考虑班组产出增加、下降或不变的情况,可将班组的各项投入控制在与该年产出水平相匹配的各项投入期望值(模型给出的最低成本投入)以下
情况 2	班组效能<1	各项实际投入≈或≤各项投入期望值	考虑班组产出增加、下降或不变的情况,可将班组的各项投入控制在与该年产出水平相匹配的各项投入期望值(模型给出的最低成本投入)的附近

(3) 班组产能决策

结合效能预测结果，分两种情况给出班组的产能决策，具体内容如表 2-4 所示。

表 2-4　班组产能决策

情况分类	效能预测值	产能决策	管理意义
情况 1	班组效能>1	各项实际产出∈[各项产出期望值,各项产出计划制定值]	考虑班组投入增加、下降或不变的情况,可将班组的各项产出控制在与该年投入水平相匹配的各项产出期望值(模型给出的最大产出)以上
情况 2	班组效能<1	各项实际产出≈或≥各项产出期望值	考虑班组投入增加、下降或不变的情况,可将班组的各项产出控制在与该年投入水平相匹配的各项产出期望值(模型给出的最大产出)的附近

2.3　班组绝对动态效能评价与分析方法

在假定技术进步保持不变的情况下，班组效能实际上是对静态生产效率的一种分析。当班组展现出跨越不同时间段（通常是年度）的运营特性时，其效能具有动态性，这需要通过全要素生产率（Total Factor Productivity，TFP）来进行表征。在动态效能的情况下，班组产出的增长主要由两个因素驱动：一是效率的提升；二是技术的进步。

为比较和排序同类班组之间的效能，揭示技术进步与效率提升对班组效能增长的影响，本书利用个体班组效能的测算结果，对每个班组的多个输入和输出指标进行了整合和标准化处理，以确保每个班组在投入和产出方面具有一致的指标结构。继而，本书构建了一个结合了非参数的 Malmquist 生产率指数和 Bootstrap 方法的模型，用以评估班组的动态效能。此模型不仅能够实现同类班组之间效能的横向比较，还能进行效能增长的归因分析，从而识别出同类班组在效能提升方面的潜在不足。

2.3.1　班组动态效能评价步骤

班组动态效能评价步骤如下。

(1) 班组投入—产出数据的标准化与合并

在班组效能纵向评价的基础上，利用班组每项实际投入（或产出）要素与期望投入（或产出）要素的比值及其所对应的权重系数，实现班组投入—产出指标的标准化与合并。

（2）构建班组相对动态效能模型

根据班组投入—产出指标的标准化值，在假定最优班组动态效能完全有效的基础上，采用 Malmquist 测算得出班组相对动态效能。

（3）构建班组绝对动态效能模型

假定班组相对动态效能模型下最优班组的效能非完全有效，利用 Bootstrap 方法对班组效能进行 2 000 次的自动抽样与统计计算，得到班组动态效能的绝对值，做到更为科学地评价班组效能。

2.3.2　班组投入与产出指标标准化

为实现班组效能的横向比较，需要对班组投入与产出指标进行标准化，具体方法如下。

班组投入标准化值为班组静态效能评价模型计算得出的实际投入与每项期望（最优）投入的比值，用以衡量班组最优投入水平下实际投入的相对水平，计算方法如式（2－9）所示

$$\text{班组投入标准化值}=\frac{\text{班组实际投入}}{\text{班组期望投入}}\times 100\% \tag{2-9}$$

班组产出标准化值为班组静态效能评价模型计算得出的每项实际产出与产出期望（最优）的比值，用以衡量班组最优产出水平下实际产出的相对水平，计算方法如式（2－10）所示

$$\text{班组产出标准化值}=\frac{\text{班组实际产出}}{\text{班组期望产出}}\times 100\% \tag{2-10}$$

利用班组静态效能测算得出的投入或产出所对应的权重系数，将多项投入或产出的指标进行合并，得到相应的投入与产出指标。

2.3.3　班组动态效能评价方法

（1）Malmquist 全局参比模型

假设当一个班组的投入要素保持不变时，其产量比前一年增加了 30%。这种增产并非由于投入要素数量的增加，而是源于效率提升、技术进步等非投入要素因素。

$$y_{it}=\mathrm{TFP}_{it}\times f(x) \tag{2-11}$$

式（2－11）中，y_{it} 为第 t 时期第 i 个班组的产出，$f(x)$ 为生产函数，TFP_{it} 为第 t 时期第 i 个班组全要素生产率，即班组的动态效能。

DEA 方法虽然不能直接用于计算全要素生产率（TFP），但可以计算得出 TFP 的指数，即 Malmquist 全要素生产率指数 MI（Malmquist total factor productivity index，MI）。该全要素生产率指数可以分解为两个方面的变化：技术效率的变化（technical efficiency change，EC）和技术变革（technological change，TC）。

$$MI_i(t-1,t)=\frac{TFP_i(x_t,y_t)}{TFP_i(x_{t-1},y_{t-1})}=\frac{\dfrac{TFP_i(x_t,y_t)}{TFP_i(\text{Benchmark})}}{\dfrac{TFP_i(x_{t-1},y_{t-1})}{TFP_i(\text{Benchmark})}} \quad (2-12)$$

为实现前后期 Malmquist 指数的传递性，需要前后期 MI 指数能够累乘，因此需要全局参比 Malmquist 模型，由所有各期共同构建的前沿（全局前沿）作为参比前沿。由于所有时期均参比同一全局前沿，因此只有一个 TFP 指数，全局参比的 MI($t-1$，t)为

$$MI_i(t-1,t)=EC_i(t-1,t)\times TC_i(t-1,t) \quad (2-13)$$

$$TC_i(t-1,t)=\frac{\dfrac{\theta\_g_i(x_t,y_t)}{\theta\_t(x_t,y_t)}}{\dfrac{\theta\_g_i(x_{t-1},y_{t-1})}{\theta\_t-1(x_{t-1},y_{t-1})}} \quad (2-14)$$

①班组动态效能的 TFP 评价方法

全局参比效率值 $\theta\_g_i(x_t,\ y_t)$ 的本质是被评价的班组与该班组在全局前沿投影点的 TFP 的比值，其本质也是 TFP 指数，即

$$\theta\_g_i(x_t,y_t)=\frac{TFP_i(x_t,y_t)}{TFP_i(\text{Benchmark}_g)} \quad (2-15)$$

($\hat{x}_g$，$\hat{y}_g$) 是被评价班组在全局前沿上的投影点。虽然每个被评价班组在前沿上有不同的投影点，但不同班组在生产前沿上的投影点的 TFP 是等效的。因此，这里将 $\theta\_g_i(x_t,\ y_t)$ 理解为是各班组在各时期 $TFP_i(x_t,\ y_t)$ 与样本所有年份中最大班组效能之间的比值，并且该比值的最大值等于 1。虽然 $\theta\_g_i(x_t,\ y_t)$ 并非 $TFP_i(x_t,\ y_t)$，但它可以反映不同班组在不同时期 TFP 的相对大小。

②班组动态效能的 EC 贡献度评价方法

$EC_i(t-1,\ t)$ 为效率变化率，反映某个时期所有班组资源利用效率的提升。

$$EC_i(t-1,t)=\frac{\theta\_t(x_t,y_t)}{\theta\_{t-1}(x_{t-1},y_{t-1})} \quad (2-16)$$

③班组动态效能的 TC 贡献度评价方法

$TC_i(t-1,\ t)$ 为技术进步，反映某个时期所有班组由于创新所导致的产出增长。

$$TC_i(t-1,t)=\frac{\dfrac{\theta\_g_i(x_t,y_t)}{\theta\_t(x_t,y_t)}}{\dfrac{\theta\_g_i(x_{t-1},y_{t-1})}{\theta\_{t-1}(x_{t-1},y_{t-1})}} \quad (2-17)$$

(2) Bootstrap 模型

尽管 DEA 方法因其灵活性和非参数形式而在实证研究中受到广泛欢迎，但它也存在以下不可忽视的缺点。

1) DEA 计算的效能属于“相对效能”，即相对于“最佳班组效能实践”面的效能。DEA 将所有的投入—产出组合视作是可预见、可实现的确定性生产关系，即实际的投入—产出组合所构成的生产前沿被认为是完全效率状态。但实际的生产前沿并非完全效率

状态。因此，DEA 所计算的班组效能只能被视为绝对效能估计值的上限（或非效率水平的下限），实际的班组效能要小于或等于 DEA 方法所计算出的结果。

2）DEA 所测算的班组效能渐近分布难以确定，难以从统计意义上推断出各班组的绝对效能，这增加了班组效能分析因误差所带来的研究风险。

Bootstrap 方法主要通过重复自抽样的方法推导出 DEA 估计量的经验分布。虽然 DEA 方法在评估班组效能时可能会产生偏差且结果可能不同，但通过 Bootstrap－DEA 所得到的班组效能估计值，在较为宽松的条件下能够与班组的绝对效能保持一致。Bootstrap 方法的核心在于：它无需对未知总体分布进行任何假设，而是直接从原始数据出发，通过多次重抽样来模拟数据的生成过程，进而获得原始估计量的近似样本分布，并据此对总体的特征进行统计推断。其主要步骤包括：

1）假设班组投入—产出向量为（x_j，y_j），通过全局参比 Malmquist 模型计算得出效能值 $\hat{\theta}$；

2）采取重复有放回的抽样方法，从 $\hat{\theta}$ 中抽取一组随机样本 $\widehat{\theta_{jb}^*}$，并对其进行平滑处理，得到平滑样本 $\overline{\theta_b^*}$

$$\overline{\theta_b^*}=\{\overline{\theta_{jb}^*}\mid j=1,2,\cdots,n;\ b=1,2,\cdots,B\} \tag{2-18}$$

3）根据式（2－18）得到 x_{jb}^*

$$x_{jb}^*=\left(\frac{\hat{\theta}_k}{\theta_{jb}^*}\right)x_j \tag{2-19}$$

4）将式（2－19）得到的结果再带入到全局参比 Malmquist 模型中计算，得到模拟班组效能 $\widetilde{\theta_{jb}^*}$

$$\{\widetilde{\theta_{jb}^*}\mid k=1,2,\cdots,n\} \tag{2-20}$$

5）重复 B 次以上四个步骤，计算出每个班组初始效能得分的偏差、偏差修正值以及估计区间，具体为

$$\widehat{\mathrm{bias}}_j=\frac{1}{B}\sum_{b=1}^{B}\widetilde{\theta_{jb}^*}-\hat{\theta}_j \tag{2-21}$$

$$\overline{\theta_j}=\hat{\theta}_j-\widehat{\mathrm{bias}}_j \tag{2-22}$$

$$\hat{\theta}_j+\hat{l}_\alpha^*\leqslant\theta_j\leqslant\hat{\theta}_j+\hat{u}_\alpha^* \tag{2-23}$$

为保证置信区间的覆盖度，将样本数据集 $\boldsymbol{B}$ 的数值设定为 2 000。其中，$\widehat{\mathrm{bias}}_j$ 和 $\overline{\theta_j}$ 分别是班组初始效能得分的偏差和偏差修正值；θ_j 为估算效能值的置信区间，$\hat{l}_{\alpha/2}^*$ 和 $\hat{u}_{\alpha/2}^*$ 分别为整体数列 $(\alpha/2)*100\%$ 与 $(1-\alpha/2)*100\%$ 分位数所对应的两侧数值。

2.3.4　班组绝对动态效能分析方法

依据量化评价结果找出的影响班组效能的问题，精准制定效能提升措施。具体分析内容如下。

（1）整体班组效能分析

采用保证域 DEA 模型的对偶模型计算得出每个班组的预期投入、产出，结合每项要素权重对班组投入与产出指标进行标准化，带入绝对动态效能模型计算，进行同类班组效能的横向比较分析。

通过同类班组效能的横向比较分析，确定哪些班组的效能表现较好，找出改进效能的关键领域，揭示不同班组之间的效能差距，为进一步的效能改进提供参考。

（2）班组效能提升贡献因素

分析效率改进与技术进步对班组效能提升水平的贡献，可以实现以下功能：

首先，针对工作流程进行精简优化，剔除不必要的重复作业。如采用自动化机械及对作业流程进行创新改进，以此降低人工操作中的失误与资源浪费，从而显著提升生产效能及产品品质。

其次，致力于提高团队成员的专业技能与知识储备。通过专业培训和掌握新颖技术增强团队成员的市场竞争力与工作效率。譬如，借助新型软件及工具，团队成员在数据分析、产品开发与团队协作等方面能更加得心应手。

最后，关注并提升团队成员的工作满意度与士气。优质的工作条件及尖端技术装备不仅减轻了工作压力和疲劳，也促进了员工工作品质与效率的提升。在此环境下，团队成员更能够集中精力提高作业质量，实现个人职业目标，增强自信心与工作热情。

总之，效率改进与技术进步对班组效能提升水平的贡献是多方面的。它们不仅可以提高生产力和质量，提高员工的竞争力和工作效能，还可以提高员工的工作满意度和士气。因此，企业应该积极推动效率改进和技术进步，以实现班组效能的持续提升。

（3）班组效能诊断及改进路径

利用 Malmquist - Bootstrap 模型方法，可以根据班组效能的纵向评价结果，对三类班组内不同班组的效能进行横向比较。根据班组效能和产出增长率指标，将班组可以分为四种类型：保持优势、产能提升、关键改进和效能改进，具体诊断特征和改进路径如表 2 - 5 所示。

表 2 - 5　班组效能诊断及改进路径

班组效能类型	诊断特征	改进路径
保持优势班组	效能和产出增长方面都处于优势地位	提供必要的支持和资源，以促使其进一步发展
产能提升班组	效能表现较优，但在产出增长方面表现较弱	优化工作流程、提高员工技能水平和引入新技术等，以提高产出
关键改进班组	效能方面和产出增长方面都较弱	通过识别和解决效能瓶颈，提高其效能与产出水平
效能改进班组	产出增长方面具有较好表现，但在效能提升方面仍存在提升空间	通过培训、技术改进以及业务流程优化等方式，提高其效能水平

采用 Malmquist - Bootstrap 方法，企业能够对各个班组在效能与产量上的表现做出精确评估，进而制定出个性化的优化措施，助力班组在提升效能与产量上取得突破。

第 3 章　班组效能测量数据及处理

班组按工作性质分为科研类、生产类以及保障类等 3 类。本章通过对班组开展深入的调研访谈，总结归纳科研、生产和保障班组的运营特征，针对班组“多投入→多产出”的结构特征，以及“投入（资源）→转换（过程）→产出（目标）”的价值创造过程，将每个班组作为独立的评价对象，再将每年的班组运营数据作为量化评价样本，从班组的人、机、料、法、环层面构建班组运营的投入指标，从生产任务量、成果层面构建班组产出指标，制定科研、生产和保障 3 类班组的个性化“菜单式”的投入、产出指标体系。例如：将科研班组依据业务流程分为预研、设计、工艺、试验 4 个子类班组，分类制定投入、产出指标；将生产班组依据班组特点分为产品导向、质量导向、安全导向 3 个子类班组，分别制定指标。每个班组可对照类型指标，结合班组实际，选定切合自身实际的个性化指标，并依据指标的重要程度确定相应的权重。

3.1　科研班组效能测量指标选择

借鉴中华人民共和国科学技术部制定的科技统计指标，设定科研班组的共性投入指标为：

1）人员类指标：研发人员全时当量、设计人员全时当量以及试验人员全时当量等指标；

2）日常性经费支出指标：研发人员薪资、非资产性材料、物资费用以及管理费用等；

3）资产性经费支出：设备和技术购买与改造、引进技术消化吸收而支出的费用。

设定科研班组的共性产出指标为：

1）科技成果类指标：新产品、专利、国家或行业标准、图纸、软件著作权、论文以及著作等；

2）经济效益类指标：专利所有权转让及许可数、专利所有权转让及许可收入；

3）社会影响力指标：科技成果奖。

本书依据业务流程，将科研班组分为预研、设计、工艺、试验 4 个子类型，分别制定投入产出指标（见表 3－1）。

表 3-1　科研班组效能量化评价投入产出指标

项目	预研类	设计类	工艺类	试验类
投入指标	研究人员(人)	研究人员(人)	研究人员(人)	参试人员(人)
	研究人员全时当量(人年)	研究人员全时当量(人年)	基本工资(万元)	基本工资(万元)
	人员劳务费:基本工资(万元)	质量成本全时当量(人年)	绩效工资(万元)	绩效工资(万元)
	人员劳务费:绩效工资(万元)	人员劳务费:基本工资(万元)	研究人员全时当量(人年)	固定资产净值
	出差费用(万元)	人员劳务费:绩效工资(万元)	日常性支出(万元)	工装投入
	仿真分析投入(万元)	日常性支出:保障类差旅(万元)		水电费用
	办公、生活耗材(万元)	日常性支出:开发类差旅(万元)		设备维护费
				计量费用
				其他费用
产出指标	设计方案报告:X 阶段	专利(项)	图纸 1(套)	1 试验量
	产品计算分析	文章(篇)	图纸 2(套)	2 试验量
	预研项目数量	标准(项)	图纸 3(套)	3 试验量
	职称和职务(分)	成果奖励(项)	论文(篇)	4 试验量
	班组年轻化指数(%)	职称和型号职务(分)	发明专利(项)	5 试验量
	新产品产值(万元)	设计输出 1	成果奖励(项)	6 试验量
	人才培养	设计输出 2		
	发明专利	产品 1		
	论文、科研成果奖	产品 2		

在科研班组效能测算的共性指标基础上，可结合班组实际情况设定具体的投入与产出指标，具体介绍如下。

3.1.1　投入指标选择

科研班组投入指标选择如下。

(1) 人员类指标

班组人员是指班组在科研工作中的人员、时间或精力投入量的总和，反映班组成员之间的合作与协调，决定着科研工作的质量和效率，对班组的整体绩效和成果产出有着重要影响。

科研人员指的是在统计年度内，企业在册职工从事研究与发展、研究与发展成果应用的科技工作人员以及直接为上述工作服务的人员，也包括统计年度内从事科研活动累计工作时间一个月以上的外籍和企业系统以外的专家和访问学者。

研发全时当量指的是班组全时研发人员数加非全时研发人员数按工作量折算为全时人员数的总和。从事研发活动的实际工作时间占制度工作时间不足10%的人员，不计入研发人员，也不计算全时当量。

例如：有两个全时人员和三个非全时人员（工作时间分别为20%、30%和70%），则全时当量为2+0.2+0.3+0.7=3.2人年。

质量成本全时当量指的是班组全时质量人员数加非全时质量人员数按工作量折算为全时人员数的总和，用于衡量质量管理和控制效果。

具体而言，班组用于处理产品超差、质量问题、停止点跟产、产品跟产等质量保驾所用时间，最小为0，最大为1.5，不得大于研究人员全时当量。

（2）劳务报酬类指标

劳务报酬类指标主要有班组人员的基本工资总和与绩效工资总和指标。

①基本工资

基本工资指员工在科研岗位上履行基本职责所应当享有的最低工资标准，也是按照劳动合同约定或法定规定支付给员工的固定报酬。其计算公式为：

基本工资=工资报表中全年岗位工资+薪级工资+预发绩效+保密补贴+保健津贴

由上述公式可得出基本工资总和，基本工资总和是指班组中所有员工的基本工资相加后的总额。

②绩效工资

绩效工资是由管理层或小组长根据员工的工作表现和绩效评估结果确定的额外工资或奖金。与基本工资不同，绩效工资是一种根据员工实际工作表现和贡献计算和支付的可变薪酬形式。其计算公式为：

绩效工资=工资报表中全年应发合计−
（岗位工资+薪级工资+预发绩效+保密补贴+保健津贴）

由上述公式可得出绩效工资总和，绩效工资总和指的是班组内所有员工绩效工资的合并总额。

（3）研发设备类指标

研发设备类指标主要包括固定资产净值和工装投入两个指标。

①固定资产净值

该指标是指班组拥有的用于研发的固定资产，在扣除累计折旧后的剩余价值。固定资产是指班组为研发目的而长期持有且不用于转售的资产，例如土地、建筑物、机器设备和车辆等。累计折旧是指固定资产在使用过程中因磨损或老化而导致的价值减少。会计人员会根据特定的折旧方法逐年计提折旧费用，而累计折旧则是截至报告日期为止所计提的折旧费用总额。

②工装投入

该指标指的是科研班组在研发试验过程中使用的各种辅助工具、设备和软件，对工装投入的统计研究旨在提升研发效率、优化流程，并协助研发人员完成各类任务、实验和测试。这些工具包括实验台、仪器仪表、传感器等实验设备，以及代码编辑器、集成开发环境（IDE）、模拟器、调试器等软件工具和开发环境。此外，还包括用于数据处理、模型建立和验证、系统仿真等活动的数据分析和可视化工具。

（4）研发耗材类指标

在科研活动中，指标分类下的研发消耗品主要包括以下三项：

1）消耗性材料费用，即在进行实验、测试以及研发工作时所必须使用的各类物料、试剂、工具等，并涉及因科研需求而产生的相应费用。

2）实验材料费用，这一指标涵盖了为实验研究而采购的全部材料成本，如实验样本、所需设备与工具等。

3）办公及生活消耗品费用，涉及日常业务运作与员工生活方面的各类用品开销，如电脑及其配件、通信设备、办公家具、会议用品、员工福利以及宿舍必需品等。

（5）研发差旅类指标

与研发相关的差旅费用，可被细分为出差费用、保障性差旅费用及开发性差旅费用。

1）出差费用是指班组员工因公务出差而产生的总费用，包括交通、住宿及餐饮等费用。航天企业依据实际需求，制定相应的差旅报销政策，包括机票、火车票、酒店预订及餐费补贴等，确保员工在执行公务出差时，交通、食宿等方面得到合理的安排与费用报销。

2）保障类差旅费是指航天科研班组在财务报销系统中涉及产品总装、靶场保障等保障产品、飞行试验或维修相关的差旅支出总额。

3）开发类差旅费是指航天科研班组在财务报销系统中涉及技术协调、参加学术会议、培训等开发新项目和与人才培养相关的差旅支出总额。

3.1.2　产出指标选择

在确定科研班组的产出指标时，应选择与班组目标密切相关并且可衡量的指标，这些指标应能够客观地评价工作成果，并提供实际应用价值的反馈。同时，选取长期可追踪的指标，确保班组持续产出并保持稳定的工作效率。科研班组产出指标按作用可分为成果指标和效益指标。科技成果指标如专利、文章、标准等；经济效益指标如设计方案、产品产值等指标。

（1）科技成果类指标

科技成果类指标主要包括专利、文章以及标准，其中：

1）专利是指科研团队在技术创新过程中产生的成果，包括提交的专利申请数量和已获得专利保护的数量。

2）文章是指通过文字形式展示科研班组在研究和创新过程中取得的成果，包括发表的学术论文、技术报告等文献资料的数量。

3）标准是指科研班组基于研究成果制定的、用于促进工业产品标准化的技术规范的数量。

（2）经济效益类指标

经济效益类指标主要涵盖设计输出、设计方案报告、产品计算分析、预研项目、试验完成量以及图纸等方面的内容。

1）设计输出是指设计班组在产品的设计方案阶段、研制阶段和定型阶段所产生的各类成果的数量，包括图纸、可行性报告、试验方案、装配方案、飞行试验计划、技术报告以及其他相关技术文件。具体内容如下。

首先在设计方案阶段，科研班组需要完成初步设计和方案选择，设计输出可能包含技术可行性分析报告、功能需求规格说明等内容；

其次在研制阶段，科研班组对方案进行详细设计并进行实验验证，设计输出包括详细设计文档、工程图纸等内容；

最后在定型阶段，科研班组完成产品的最终设计和验证，并进入定型生产阶段，设计输出可能包括定型设计文档、产品规格说明等内容。

在上述设计流程中，设计输出需符合质量管理体系和相关标准，同时考虑成本效益、技术创新及环境可持续性等因素，以确保设计输出的质量和成效。其具体指标为产品 1（台）、产品 2（台）、产品 3（台）。

此外，在研制过程中，还会有研制阶段评审和批产阶段评审，用于评价项目进展、设计成果和质量控制方案，并做出相应决策，即产品 4（台）与产品 5（台）等。

2）设计方案报告指的是预研班组在研发新产品过程中，在新产品研发各个阶段形成的设计方案报告数量。一般而言，新产品或新型号的设计和研发过程可以划分为三个阶段：Ⅰ阶段是新产品初步论证分析阶段，工作量较少；Ⅱ阶段是产品型号迭代优化设计过程，工作量适中；Ⅲ阶段是最终设计阶段，工作量较大。

3）产品计算分析指的是产品在设计过程中进行计算分析和仿真分析后完成分析报告。一般设计指标为：Ⅰ阶段是临时性计算分析和问题分析，工作量较小，完成问题分析报告即可计入为 1；Ⅱ阶段是工装模具设计与计算分析、工艺过程仿真分析，工作量较大，需要完成模型工装设计和计算分析后才能计入为 1。

4）预研项目数量指的是班组针对未来技术或产品进行的前瞻性研究，旨在为未来的技术发展或产品创新提供基础支持的项目总数。

5）新产品产值指的是班组开发或参与研制的新产品所创造的经济价值。

6）试验完成量指的是班组根据不同的试验设计完成的试验数量。

7）图纸指的是班组用于记录和传达工程设计、构造细节、技术参数等信息的图形或图表。

（3）社会影响力类指标

社会影响力类指标主要涉及各种科研成果的奖项。当科研团队在科学研究和技术创新领域取得显著成就时，会获得上级单位颁发的奖项作为认可。这些奖项涵盖了国家、省级、集团、企业以及厂所等多个层面的荣誉。

3.2 生产班组效能测量指标选择

结合航天企业生产实践，设定生产班组的共性投入指标：

1）人员类指标：员工数量；

2）可变成本指标：员工薪资、原材料、零部件以及工装；

3）固定成本指标：生产设备固定折旧、生产场地固定租金；

4）生产费用指标：能源费用、办公费用以及培训费用。

设定生产班组的共性产出指标：

1）产出量；

2）质量改进项；

3）创新成果；

4）降本增效收益；

5）社会影响力。

本书依据班组特点，将生产班组分为产品导向、质量导向、安全导向三个子类型，分别制定投入产出指标（见表3－2）。

表3－2 生产班组效能量化评价投入产出指标

项目	产品导向类	质量导向类	安全导向类
投入指标	员工数量	员工数量	员工数量
	全时当量(人年)	全时当量(人年)	全时当量(人年)
	基本工资	基本工资	基本工资
	绩效工资	绩效工资	绩效工资
	主材投入	工房投入水电投入	工房投入
	工房投入	固定资产投入	固定资产投入
	水电投入	技改投入	技改投入
	固定资产	人员培训	人员培训
产出指标	产出量1-×××	产出量(当量)	产出量(当量)
	产出量2-×××	创新成果	创新成果
	产出量3-×××	文化输出	文化输出
	降本增效(万元)	工艺/质量改进	工艺/安全改进
	工作小时数	精品数量	精品数量
		人员晋升	人员晋升

在生产班组效能测算的共性指标基础上，可结合班组实际情况设定具体的投入与产出指标。

3.2.1 投入指标选择

在选取投入指标时，需要结合班组具体情况和管理需求进行综合考虑，确保指标的科学性、可比性和可操作性，具体说明如下。

（1）人员类指标

生产班组的人员投入是指为了完成航天产品生产任务，班组内所需的人员数量和相关劳动时间投入的情况。人员投入是实现生产目标和保证生产效率的重要因素之一。人员类指标包括员工数量和人员全时当时两个因素，其中：

1）员工数量指的是班组的生产人员数量。

2）人员全时当量指的是班组全时生产人员数加非全时生产人员按工作量折算为全时人员数的总和。

从事生产活动的实际工作时间占制度工作时间不足 10%的人员，不计入生产人员，也不计算全时当量。

例如：有两个全时人员和三个非全时人员（工作时间分别为 50%、60%和 70%），则人员全时当量为 2＋0.5＋0.6＋0.7＝3.8 人年。

（2）可变成本指标

可变成本主要是指在生产过程中会随着产量的变化而相应变化的成本。与固定成本相对应，可变成本是与生产数量或产量直接相关的成本。

1）基本工资指的是员工在生产岗位上履行基本职责所应当享有的最低工资标准，也是按照劳动合同约定或法律规定应支付给员工的固定报酬。

2）绩效工资指的是依据生产员工的工作表现和绩效评价结果所确定的工资或奖金。与基本工资不同，绩效工资是根据员工实际的工作表现和贡献来计算和支付的一种变动性薪酬形式。

3）生产材料费是指生产过程中涉及的所有与材料相关的费用总和。材料成本包括原材料的采购、物流运输以及仓储管理等环节的各项开支。这些费用在生产总成本中占有较大比例，直接影响到产品定价和企业盈利水平。

4）工装投入是指生产班组在制造过程中所使用的各种辅助工具和设备的相关费用。

5）工房维护是指对生产场地进行定期检查、保养和必要维修所产生的费用。管理层需确保场地内的设施和设备保持最佳运行状态，以提供一个安全高效的生产环境，保障生产活动的正常进行。

6）质量代价（Price of Nonconformance，PONC）是指为确保产品达到既定质量标准而必须承担的全部费用，目的是进行成本控制和优化。其计算公式为：

$$\text{PONC(质量代价)}=\text{COST(总成本)}-\text{EFC(无失误运作成本)}-\text{POC(质量成本)} \tag{3-1}$$

根据式（3－1），我们可以了解到，“质量代价”是指从“总成本”中扣除“无失误运作成本”和“质量成本”之后的差额。在这里，质量成本分为两个主要部分：第一部分是为了保障产品的质量所必需的费用，包括预防成本和鉴定成本，通常这部分成本被视为对质量的投资；第二部分是由于产品未能满足质量标准而产生的损失，包括内部损失成本和外部损失成本，这两者有时被统称为质量损失成本。

（3）固定成本指标

航天企业生产班组在管理中需重视设备的正常运行，因为机器设备和辅助生产工具直接影响生产进度和产品质量。为提高生产效率，班组需要进行有效的设备管理，确保设备的高效运转。这包括定期检查和维护设备、及时修复故障和损坏件、合理安排设备使用时间，并为员工提供培训和指导等措施。通过科学的设备管理，班组能够提升生产效率和产品质量，取得更优的工作成果。

1）固定资产净值是指班组拥有的用于研发的固定资产，在扣除累计折旧后的剩余价值。固定资产是指班组为研发目的而长期持有且不用于转售的资产，例如土地、建筑物、机器设备和车辆等。累计折旧是指固定资产在使用过程中因磨损或老化而导致的价值减少。会计人员会根据特定的折旧方法逐年计提折旧费用。累计折旧是截至报告日期为止所计提的折旧费用总额。而固定资产净值是指固定资产减去累计折旧后的净值。

2）生产场地面积指的是制造场所的占地面积，实则涉及的是航天产品生产及附属作业所实际占用的总面积。该面积囊括了生产厂房、装配线、机械设备区以及诸多必需的作业场地。

（4）生产费用指标

生产费用指标主要涵盖能源费用和员工培训费用，其中：

1）能源费用是指制造业在使用能源过程中所支付的费用，包括电力、燃气、燃油等各类能源的费用。生产班组可以对能源费用进行精细化调控和优化管理，

从而有效降低生产成本并提升市场竞争力。

2）人员培训是指根据经济和社会发展需要，为生产人员提供必要的培训和教育，从而提高生产人员的技能、知识储备和专业素养，使员工更好地适应和胜任各种工作，并具备应对复杂环境和任务的能力。同时，人员培训也有助于提升员工对工作的满意度和对企业的归属感，促进班组的稳定发展。

3.2.2　产出指标选择

生产班组的产出指标应选择与班组目标紧密相关且可量化的指标，这样既能提供具有实际应用价值的反馈，又能客观评估工作成果。同时，对产出指标进行长期追踪，有助于确保班组的持续产出并维持稳定的工作效率。生产班组产出指标按作用可分为效益类、质量改进类、创新成果类以及社会影响力类等指标。

（1）效益类指标

效益类指标主要包括产出量和生产总量交付数，其中：

1）产出量指的是在特定时段内，该班组制造的产品数量或完成的任务数量。

2）生产总量交付数指的是该班组在一定时限内所生产并已交付的产品总数。

（2）质量改进类指标

质量改进类指标主要包括质量管控（QC）和工艺、安全和质量改进，其中：

1）质量管控，简称 QC，是指在产品或服务打造的全过程中，对原料、制作工艺以及

生产条件等诸多环节施行精密监管，旨在确保产出成果达到既定的品质基准与顾客期望。该过程不仅要保证向市场提供卓越品质的商品与服务，还要力求减少次品出现率和降低顾客的投诉可能性。

2）工艺、安全和质量改进指标是指为提高产品质量和安全性、降低生产成本和提高工作效率的目标而形成的一些措施。

（3）创新成果类指标

创新成果指生产班组在科技创新和技术研发方面的成果和贡献。创新成果类指标主要包括专利和“五小”。

1）专利是对发明者创造的新技术、新产品或新设计所授予的独占性权利。通过申请专利，发明者可以在一定的时间内对自己的发明享有专属权益，以防止他人未经授权使用、制造、销售或引用该发明。专利的保护有助于激励创新和保护知识产权，使发明者能够从他们的创新中获得经济回报。

2）“五小”是指“小发明、小创造、小革新、小设计、小建议”。在企业一线班组中，不同的领域，不同的岗位，不同的职责，“五小”都可能存在提升空间，正是这些小小的进步，汇集成整体的进步。

“五小”最早起源于 1983 年共青团中央会同国家经委、全国总工会联合发出的《关于在全国青年职工中开展“五小”智慧杯竞赛活动的通知》，号召在全国工业战线青年职工中，开展以“小发明、小创造、小革新、小设计、小建议”为内容的“五小”智慧杯竞赛活动。

（4）社会影响力类指标

社会影响力类指标主要涉及文化传播、班组荣誉和员工晋升等方面。

1）文化传播是指生产班组在日常工作之外，通过多种方式和活动展现其独特的文化价值观和精神风貌。

2）班组荣誉是指班组在工作中获得的优异成绩和荣誉称号，如在重大项目中取得的突出绩效或在竞赛和评比中获得的优异名次等。班组荣誉代表企业对班组工作的认可和肯定，是对班组成员工作成效的激励和支持，有助于提升班组的整体效能。

3）员工晋升是指班组成员在组织中逐步提升职称和职务。

3.3　保障班组效能测量指标选择

3.3.1　投入指标选择

保障班组投入指标的选取是确保生产活动正常进行和班组成员能够顺利开展工作的关键。在选取保障班组投入的指标时，需要考虑航天企业的具体情况和生产需求。指标应该能够全面反映班组投入的状况，同时可衡量和监控投入是否达到预期效果。此外，指标的选取还应兼顾定量和定性因素，综合考虑不同指标之间的关联性和重要性，以实现有效的资源管理和投入优化。投入类指标主要有人员类指标、可变成本指标和固定成本指标。

（1）人员类指标

人员类指标主要包括保障人员和人员全时当量。

1）保障人员指的是班组的保障人员数量。

2）人员全时当量指的是班组全时保障人员数加非全时保障人员按工作量折算为全时人员数的总和。从事保障活动的实际工作时间占制度工作时间不足10％的人员，不计入保障人员，也不计算全时当量。

例如：有两个全时人员和三个非全时人员（工作时间分别为50％、60％和70％），则人员全时当量为2＋0.5＋0.6＋0.7＝3.8人年。

（2）可变成本指标

可变成本指标主要包括基本工资、绩效工资、服务保障成本和信息资源等。

1）基本工资指的是根据其在岗位中承担的基础职责所应得到的最低报酬标准，它依照劳动合同的约定或法律要求，作为给予员工的稳定收入。

2）绩效工资是一种基于员工工作绩效来支付工资的制度。根据班组员工的工作表现和绩效评估结果发放的额外工资。与基本工资不同的是，绩效工资是依据员工实际的工作成果和对集体的贡献来给予的奖励。

3）服务保障成本是指班组为其他团队提供服务时，所投入的各种消耗品、材料和维修用品的费用。

4）信息资源是指班组为获取各种数据、资讯和知识工具所支出的成本。其目的是提高班组的工作效率、作业质量和工作环境的安全性，确保航天项目的顺利推进。

（3）固定成本指标

固定成本指标主要包括固定资产净值和软件成本等。

1）固定资产净值是企业的重要财务指标之一，反映了企业资产的价值状态及其运营情况。随着时间的流逝及折旧因素的作用，固定资产净值呈现出下降趋势。企业通过对固定资产净值的变动趋势进行深入分析，能够明确资产价值，为决策及规划提供依据。

2）软件成本指的是为保障班组顺利开展工作所必需的各类软件及相应服务的支出。这些软件工具主要功能在于支持班组的数据处理、监测与分析、协作交流等作业需求。

3.3.2 产出指标选择

保障班组的产出指标应选择与班组目标密切相关、可衡量的指标，能够客观地评价工作成果，并提供实际应用价值的反馈。同时，选取长期可追踪的指标，确保班组持续产出并保持工作效率稳定。保障班组产出指标按作用可分为任务类指标、创新成果类指标和社会影响力类指标。

（1）任务类指标

任务类指标一般包括客户满意度、任务完成准时率、技改创新项目和开发培训教材等。

1）客户满意度指的是客户对于保障班组提供的服务或产品的满意程度评价指标。

2）任务完成准时率是指班组按时完成各项任务相对于总项目数的比例。这是评估班组绩效和效率的重要指标，包括维修任务、加工任务等。

3）技改创新项目旨在解决航天企业保障班组工作中的问题和满足需求，通过引入新技术、方法或流程来实现改进和创新。

4）开发培训教材的目的是为保障班组成员提供培训和学习资源，帮助他们掌握必要的知识、技能和工作方法。

（2）创新成果类指标

创新成果类指标主要指专利和论文两个方面。

1）专利指的是由保障班组开发或参与开发的技术发明所获得的专利。

2）论文指的是由保障班组成员或团队在相关领域开展研究、探索和实践，所产生的学术或技术性论文。

（3）社会影响力类指标

社会影响力指标主要采用班组所获得的各类荣誉表征。班组荣誉反映的是班组在重大项目中的杰出表现以及在竞赛或评比中获得的优异成绩。

3.4　班组效能测量数据处理方法

在进行权重设置时，通常采用经验赋权法或两两比较法，需要根据班组的具体情况选择最适合的方法。

经验赋权法是一种基于员工过往经验和认知进行权重分配的方法。班组成员利用自身的经验和专业知识来确定投入和产出指标的重要性，并据此为这些指标分配权重。这种方法适用于缺乏详细数据的情况，但需要注意的是，经验赋权法可能会受到主观偏见或个人偏好的影响。

另一种常用的方法是两两比较法，其核心思想是对各项投入和产出指标进行逐一比较，然后根据这些比较结果确定权重。该方法的优点在于通过明确的比较过程，使班组能够更准确地把握各项指标的重要性。在具体运用两两比较法时，其评分标准如下：若行指标的重要性超过列指标，则评分为 1 分；反之，若行指标的重要性低于列指标，则评分为 0.01 分；若两者重要性相当，则评分为 0.5 分。表 3－3 为两两比较法投入指标赋权举例。

表 3－3　两两比较法投入指标赋权举例

	研究人员	绩效工资	出差费用	仿真分析投入	办公用品	行和	权重	下限	上限
研究人员	0	1	1	1	1	4	0.396	0.317	0.792
绩效工资	0.01	0	1	1	1	3.01	0.298	0.238	0.596
出差费用	0.01	0.01	0	0.5	1	1.52	0.150	0.120	0.301
仿真分析投入	0.01	0.01	0.5	0	1	1.52	0.150	0.120	0.301
办公用品	0.01	0.01	0.01	0.01	0	0.04	0.004	0.003	0.008
					总和	10.1	1	0.8	2

参照表 3-4，对比分析经验赋权法与两两比较法的赋权结果。

表 3-4　比较经验赋权法与两两比较法赋权结果比较举例

	经验赋权法		两两比较法	
	下限	上限	下限	上限
研究人员	0.400	0.600	0.317	0.792
绩效工资	0.250	0.300	0.238	0.596
出差费用	0.100	0.200	0.120	0.301
仿真分析投入	0.150	0.250	0.120	0.301
办公用品	0.050	0.100	0.003	0.008

由表 3-4 可知，经验赋权法上限与下限和两两比较法上限与下限的结果比较相近。在选择合适的权重设置方法时，班组应当考虑自身的实际情况。如果班组成员拥有丰富的经验和专业知识，并且能够准确地评价不同因素的重要性，那么经验赋权法是较好的选择。但如果班组缺乏相关经验或对不同因素的重要性不确定，那么两两比较法更为适用。无论采用哪种方法，都应确保班组成员之间进行充分的讨论和合作，以获得公正和准确的权重分配结果。

此外，构建合适的价格指数，并随时间进行必要调整，确保班组不同年份的相关数据指标具有可比性，从而准确测算班组效能。在处理 5 至 10 年期间的班组效能数据时，通常采用缩减价格指数方法。计算缩减价格指数时，首先需选择恰当的价格指数，此指数应与所分析的要素指标紧密相关。若使用不当的价格指数，可能导致要素价值的误估，影响效能测算的准确性。因此，选取适宜的价格指数至关重要，以保证包含价格信息的班组投入与产出要素之间具有可比性。

第2篇　诊断分析篇

第 4 章　典型个体班组效能诊断

本章以第 13 研究所的 A1 班组为例，探讨如何对班组进行效能评估与分析。

4.1　班组效能评价指标选取

本节选取 7 项投入和 11 项产出指标，对 13 研究所 A1 班组效能进行评价，具体评价过程如表 4－1 所示。

表 4－1　第 13 研究所 A1 班组效能评价指标

指标		含义
投入指标	研究人员(人)	在组内填 1,当年未入职或还未合并到组内填 0
	研发全时当量(人年)	在组内月份为 a（全年都在为 12,4 月份入职为 9,8 月份入职为 5),平均每天工作时长为 b（最短为 8,最长为 12),计算公式为 $(a/12)\times(b/8)$,研究人员全时当量最小为 0,最大为 1.5
	质量成本全时当量(人年)	用于处理产品超差、质量问题、停止点跟产、产品跟产等质量保驾所用时间,最小为 0,最大为 1.5,不得大于研究人员全时当量
	人员劳务费:基本工资(万元)	工资报表中全年岗位工资＋薪级工资＋预发绩效＋保密补贴＋保健津贴
	人员劳务费:绩效工资(万元)	工资报表中全年应发合计－(岗位工资＋薪级工资＋预发绩效＋保密补贴＋保健津贴)
	日常性支出:保障类差旅(万元)	财务报销系统中涉及产品总装、靶场保驾等保障产品飞行试验或维修相关的差旅支出
	日常性支出:开发类差旅(万元)	财务报销系统中涉及技术协调、参加学术会议、培训等开发新项目和与人才培养相关的差旅支出
产出指标	专利(项)	授权专利数量,不考虑专利类型、作者排名
	文章(篇)	期刊论文见刊和会议论文收录数量,不考虑期刊和会议级别、作者排名
	标准(项)	发布标准数量,不考虑标准级别、作者排名
	成果奖励(项)	获得成果奖励数量,不考虑成果奖励级别、作者排名
	职称和型号职务(分)	职称和型号职务按照不同级别进行赋分,助理工程师 1 分、工程师 2 分、高工 3 分、研究员 5 分;主管设计师 1 分、副主任设计师 2 分、主任设计师 3 分、副总设计师 4 分、总设计师 5 分,对当年度职称分值和型号职务分值进行累加
	设计输出 1(套)	产品设计输出 1 的数量
	设计输出 2(套)	产品设计输出 2 的数量
	设计输出 3(套)	产品设计输出 3 的数量
	产品 1(台)	产品 1 的数量
	产品 2(台)	产品 2 的数量
	产品 3(台)	产品 3 的数量

第 13 研究所 A1 班组效能评价指标数据详如表 4－2 所示。

表 4－2　第 13 研究所 A1 班组效能评价指标数据

年份		2017	2018	2019	2020	2021
投入指标	研究人员(人)	4	5	5	9	10
	研究人员全时当量(人年)	4.68	5.52	5.91	9.63	10.72
	质量成本全时当量(人年)	0.95	0.94	1.2	1.71	2.03
	人员劳务费:基本工资(万元)	21.27	25.49	29.12	57.22	69.69
	人员劳务费:绩效工资(万元)	43.98	54.72	62.70	114.32	116.88
	日常性支出:保障类差旅(万元)	5.05	5.22	2.58	4.92	9.47
	日常性支出:开发类差旅(万元)	0.40	1.78	3.13	6.10	4.72
产出指标	专利(项)	2	1	0	3	3
	文章(篇)	3	8	4	14	8
	标准(项)	0	0	2	3	1
	成果奖励(项)	1	3	5	3	4
	职称和型号职务(分)	12	15	16	33	36
	设计输出 1(套)	5	10	10	13	15
	设计输出 2(套)	2	1	7	11	10
	设计输出 3(套)	1	3	3	7	5
	产品 1(台)	13	14	15	9	14
	产品 2(台)	5	4	7	12	8
	产品 3(台)	3	5	6	5	11

结合科研班组的实际情况，设定投入（或产出）要素占总投入（或总产出）比重的下限与上限，其中科技成果产出＝1×专利＋1×文章＋1×标准＋2×成果奖励，具体如表 4－3 所示。

表 4－3　投入（或产出）要素占总投入（或总产出）比重的下限与上限设定

投入要素	系数下限	系数上限
研发全时当量(人年)	0.3	0.4
质量成本全时当量(人年)	0.1	0.2
人员劳务费:基本工资(万元)	0.1	0.2
人员劳务费:绩效工资(万元)	0.3	0.4
日常性支出:保障类差旅(万元)	0.075	0.175
日常性支出:开发类差旅(万元)	0.075	0.175
产出要素	系数下限	系数上限
科技成果产出	0.15	0.3
职称和型号职务(分)	0.05	0.1
设计输出 1(套)	0.16	0.4

续表

产出要素	系数下限	系数上限
设计输出 2(套)	0.08	0.2
设计输出 3(套)	0.15	0.3
产品 1(台)	0.08	0.2
产品 2(台)	0.128	0.3
产品 3(台)	0.16	0.4

4.2　班组效能结果分析

经过模型计算后，得到 2017 年至 2021 年第 13 研究所 A1 班组效能，结果如表 4 - 4 所示。

表 4 - 4　2017 年至 2021 年第 13 研究所 A1 班组效能

年份	2017	2018	2019	2020	2021	平均
班组效能	0.996 5	0.682 3	0.981 0	0.770 9	0.822 7	0.850 7

根据表 4 - 4 内容，绘制 2017 年至 2021 年第 13 研究所 A1 班组效能曲线，如图 4 - 1 所示。

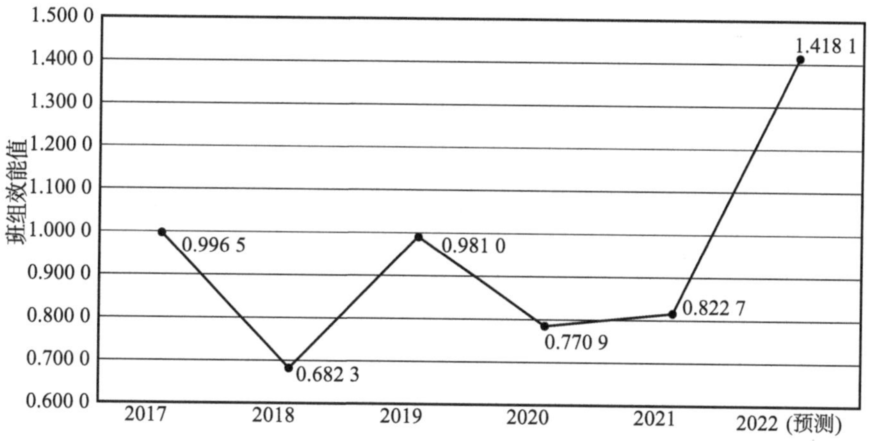

图 4 - 1　2017 年至 2021 年第 13 研究所 A1 班组效能

效能是一个研发产出与研发投入的相对比值，比值越趋近于 1，表明班组效能越高，研发资源利用越充分，资源使用越不存在浪费的情况。由图 4 - 1 可知，2017 年至 2021 年 A1 班组效能在 0.68 至 1 的区间内波动，其中 2017 年的效能最高，达到 0.996 5；2018 年效能最低，仅为 0.682 3；平均效能为 0.850 7。

A1 班组于 2020 年由两个班组合并，组内人员由 5 人增加至 9 人，并且由于近两年科研生产任务重，组内岗位职能进行调整，由原先单一的壳体设计工作，逐渐转变为包含总体设计、装药设计、壳体设计和可靠性设计的综合设计工作。班组合并后，2020 年效能值较前年降低，但转年即实现增长，由 2020 年的 0.770 9 提升至 2021 年的 0.822 7。

4.3 班组资源利用效率与期望产出率

4.3.1 资源利用效率

研发资源利用效率为模型计算得出的每项研发期望（最优）投入与实际研发投入的比值，反映科研班组想要达到现有产出水平所需最佳的研发资源投入程度。

$$\text{研发资源利用效率}=\frac{\text{期望研发投入}}{\text{实际研发投入}}\times 100\% \tag{4-1}$$

经式（4－1）计算后，得到第 13 研究所 A1 班组研发资源利用效率，结果如表 4－5 所示。

表 4－5　第 13 研究所 A1 班组研发资源利用效率

年份	2017	2018	2019	2020	2021	平均值
研发全时当量	100.00%	60.97%	98.10%	75.36%	75.99%	82.08%
质量成本全时当量	99.97%	75.69%	98.10%	89.28%	82.78%	89.16%
绩效工资	100.00%	62.32%	98.10%	75.83%	89.41%	85.13%
保障类差旅	95.43%	28.53%	98.10%	68.01%	39.73%	65.96%
开发类差旅	100.00%	101.42%	98.10%	66.48%	96.71%	92.54%

研发资源利用效率小于 1，表示资源利用不充分，资源使用存在冗余；效率等于 1，表示资源利用水平较高，不存在明显的浪费；效率大于 1，表示资源利用十分充分。由表 4－5 可知，A1 班组的开发类差旅的平均利用效率水平最高，达到 92.54%；保障类差旅利用效率水平最低，仅为 65.96%。

2020 年班组合并后，由于组内成员岗位职能的变化，总体设计岗位的组员承担了较多弹总装厂总装、靶场技术保驾等售后保障工作，导致保障类差旅支出大幅增加。2020 年大多数保障类出差取消或转为视频会议等形式，减少了保障类出差支出。2021 年，由于上年度积压的大量保障类任务开始逐步落实，保障类出差的支出显著增加，导致经费的利用效率下降至 39.73%，显示出较大的优化和提升空间。

根据表 4－5 内容，绘制第 13 研究所 A1 班组研发资源利用效率图，如图 4－2 所示。

由图 4－2 可知，2021 年 A1 班组在研发资源的利用上超过了 2018 年的水平，但仍未达到 2019 年的高度。这一变化显示，尽管科研班组的效率有所提升，班组仍需持续努力，弥补存在的不足，以进一步提升班组效能。

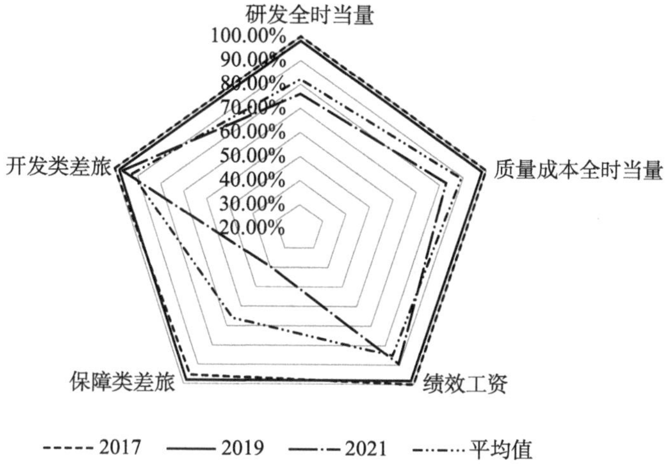

图 4－2　第 13 研究所 A1 班组研发资源利用效率比较

4.3.2　期望产出率值

期望产出率为模型计算得出的每项研发产出期望（最优）值与实际研发产出值的比值，反映科研班组维持现有研发投入的水平所期望达到研发产出最佳的程度。

$$期望产出率=\frac{期望研发产出值}{实际研发产出值}\times 100\% \tag{4-2}$$

经式（4－2）计算后，得到第 13 研究所 A1 班组期望产出率值，结果如表 4－6 所示。

表 4－6　第 13 研究所 A1 班组期望产出率

年份	2017	2018	2019	2020	2021	平均值
科技成果产出	100.35%	92.99%	100.33%	101.59%	136.86%	106.42%
职称和型号职务	100.35%	95.32%	102.84%	82.05%	77.94%	91.70%
设计输出 1	100.35%	87.44%	100.63%	127.38%	114.40%	106.04%
设计输出 2	100.35%	655.83%	107.82%	112.90%	128.70%	221.12%
设计输出 3	100.35%	88.60%	101.96%	71.91%	104.32%	93.43%
产品 1	100.35%	95.81%	102.91%	282.24%	188.02%	153.87%
产品 2	100.35%	154.98%	101.92%	97.83%	152.06%	121.43%
产品 3	100.35%	105.79%	101.45%	200.32%	94.36%	120.45%

期望产出率小于 1，表示该项产出超额完成，不需重点关注该项指标的提升；期望产出率等于 1，表示实际产出恰好等于最优产出水平；期望产出率大于 1，表示实际产出未达到最优产出水平，需要重点关注该项指标的提高。根据表 4－6 的内容，绘制 2017 年、2019 年与 2021 年第 13 研究所 A1 班组期望产出率的比较图，如图 4－3 所示。

由图 4－3 可知，为促进 2021 年 A1 班组效能的提升，班组的研发完成目标应偏向于

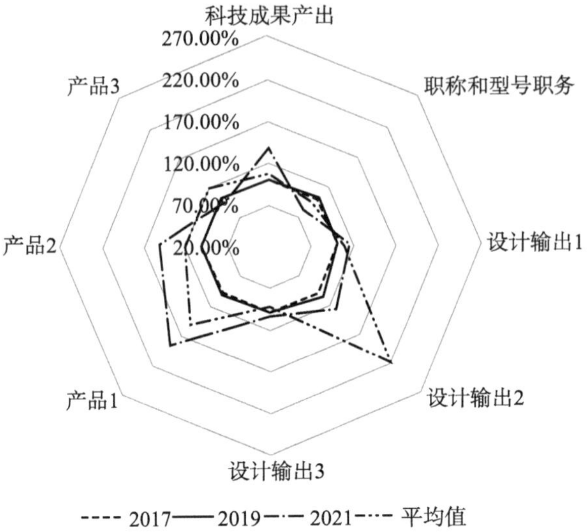

图 4-3　第 13 研究所 A1 班组期望产出率比较

产品 1、产品 2 和科技成果产出。

4.4　班组效能提升路径

4.4.1　资源视角下班组效能提升路径

根据科研班组研发资源利用效率与要素的重要程度，绘制 2021 年的第 13 研究所 A1 班组研发资源利用效率—重要程度矩阵，如图 4-4 所示。

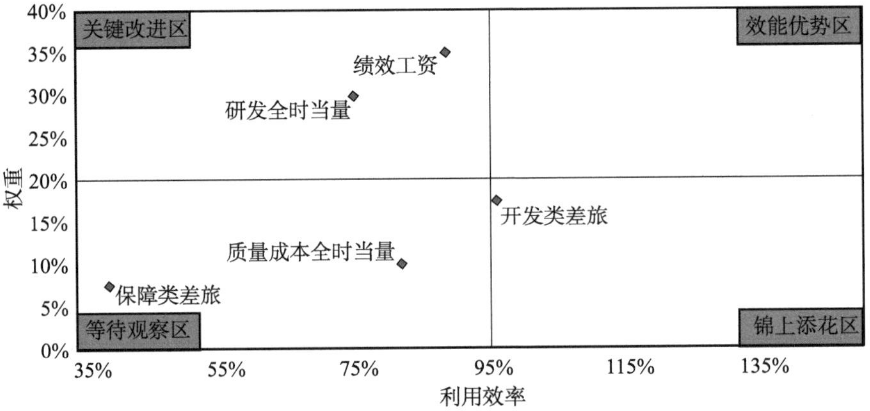

图 4-4　2021 年 A1 班组研发资源利用效率—重要程度矩阵

综合考虑科研班组研发资源利用效率与要素的重要程度对效能的影响，将投入指标划分为四种类型，如图 4-4 所示。其中：绩效工资、研发全时当量是利用率低且重要程度大的指标，属于关键改进类指标；开发类差旅是利用效率高且重要程度略低的指标，属于锦上添花类的指标；保障类差旅和质量成本全时当量是利用率偏低且重要性程度低的指标，属于等待观察区。

根据研发资源的改进程度与效能提升水平，指标中：改进程度＝1－研发资源利用效率，效能提升水平＝（1－研发资源利用效率）×重要程度。绘制 2021 年第 13 研究所 A1 班组研发资源利用效率改进图，如图 4－5 所示。

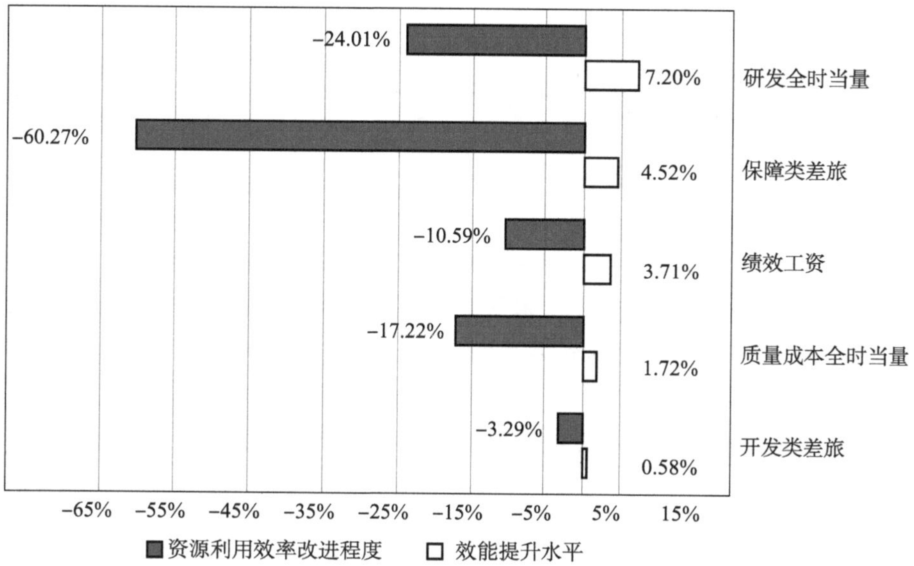

图 4－5　2021 年第 13 研究所 A1 班组资源利用效率改进程度与效能提升水平

显然，图 4－5 中缺少保持优势指标。研发全时当量属于优先改进指标，保障类差旅与绩效工资属于其次改进指标，质量成本全时当量与开发类差旅属于再次改进指标。其中，研发全时当量优化 24.01％可提升 7.2％的效能；保障类差旅优化 60.27％可提升 4.52％的效能；绩效工资优化 10.59％可提升 3.71％的效能；质量成本全时当量优化 17.22％可提升 1.72％的效能；开发类差旅优化 3.29％可提升 0.58％的效能。因此，班组效能提升策略的制定着重在于减少保障类差旅和质量成本全时当量。

降低保障性差旅应充分利用信息化手段来提高保障效率，将线下会议转为视频会议；将现场评审简化为文审或函审；弹总装厂的总装文件也可进一步优化，大幅减少总装时间。

降低质量成本全时当量在于加强设计师质量源头把控，避免设计质量问题；提高工艺质量管理和产品生产全员质量意识，加强质量控制，提高产品合格率，杜绝低层次质量问题，减小超差处理，进而降低由质量问题带来的时间、人力及经济效益损失。

4.4.2　产出视角下班组效能提升路径

根据科研班组期望产出率与要素的重要程度，绘制 2021 年的第 13 研究所 A1 班组期望产出率—重要程度矩阵，如图 4－6 所示。

在图 4－6 中，产品 2、科技成果产出、设计输出 1 和设计输出 3 指标属于期望产出率

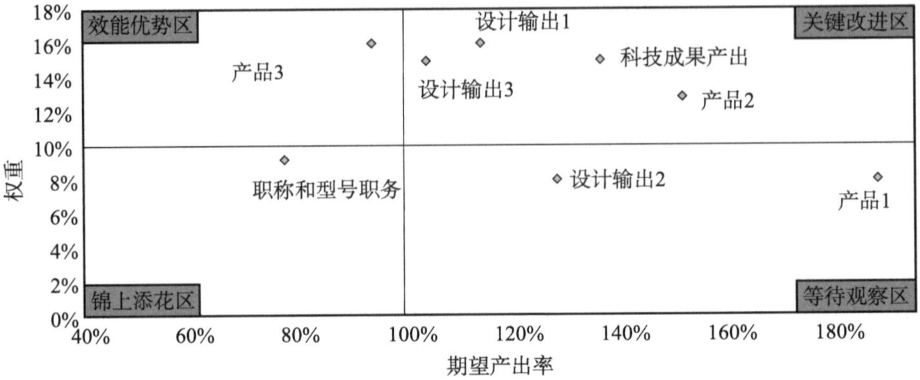

图 4－6　2021 年第 13 研究所 A1 班组期望产出率—重要程度矩阵

大，重要程度大的指标，属于关键改进区指标；产品 3 属于期望产出率略小，重要程度大的指标，属于效能优势区指标；产品 1 和设计输出 2 属于期望产出率高，重要程度略小的指标，属于等待观察区指标；职称和型号职务属于期望产出率低，重要性程度略低的指标，属于锦上添花区指标。

绘制 2021 年第 13 研究所 A1 班组产出提升率与效能提升水平图，如图 4－7 所示。

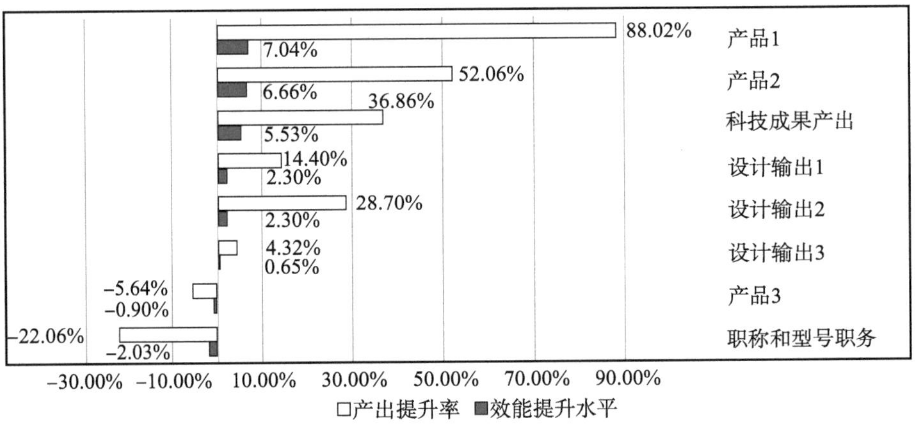

图 4－7　2021 年第 13 研究所 A1 班组产出提升率与效能提升水平

由图 4－7 可知，该科研班组的产品 1、产品 2、科技成果产出属于重点关注指标；设计输出 1、设计输出 2 属于其次关注指标；设计输出 3 属于保持优势指标；产品 3 与职称和型号职务属于不需要关注指标。

4.5　班组投入与产出指标的效能贡献度

4.5.1　班组投入指标对效能改进的贡献度

各项研发投入降低 10％、20％与 50％时，投入指标对效能的贡献度结果如表 4－7 所示。

表 4－7　2021 年班组投入指标的效能贡献度

指标	效能提升水平		
	研发投入降低 10%	研发投入降低 20%	研发投入降低 50%
研发全时当量	3.00%	6.00%	15.00%
质量成本全时当量	1.00%	2.00%	5.00%
绩效工资	3.50%	7.00%	17.50%
保障类差旅	0.75%	1.50%	3.75%
开发类差旅	1.75%	3.50%	8.75%

由表 4－7 可知，当每项研发资源利用效率分别提高 10%、20%与 50%时，各研发投入要素指标的效能具有相应的提升程度，并且各研发投入要素效能提升程度之和恰好等于 10%、20%与 50%。

4.5.2　班组产出指标对效能改进的贡献度

各项研发产出要素指标分别提高 10%、20%与 50%时，各研发产出要素指标对效能贡献度的结果如表 4－8 所示。

表 4－8　2021 年班组产出指标的效能贡献度

指标	效能提高水平		
	研发产出提高 10%	研发产出提高 20%	研发产出提高 50%
科技成果产出	1.50%	3.00%	7.50%
职称和型号职务	0.92%	1.84%	4.60%
设计输出 1	1.60%	3.20%	8.00%
设计输出 2	0.80%	1.60%	4.00%
设计输出 3	1.50%	3.00%	7.50%
产品 1	0.80%	1.60%	4.00%
产品 2	1.28%	2.56%	6.40%
产品 3	1.60%	3.20%	8.00%

由表 4－8 可知，当每项研发产出要素指标水平分别提高 10%、20%与 50%时，各研发产出要素指标的效能具有相应的提升程度，并且各研发产出要素效能提升程度之和恰好等于 10%、20%与 50%。

4.6　班组效能提升策略

科研班组效能提升策略如表 4－9 所示。

表 4－9　第 13 研究所 A1 班组效能提升策略

指标	改进路径				改进策略	
	优先改进	其次改进	再次改进	保持优势		
研发全时当量	★				固定产出降低投入	
					投入增加程度小于产出增加程度	优化型号任务人员配置，激发员工干事创业热情，提高工作效率
					投入降低程度大于产出降低程度	
					不变	
质量成本全时当量		★			固定产出降低投入	
					投入增加程度小于产出增加程度	加强设计师质量源头把控，避免设计质量问题；提高工艺质量管理和产品生产全员质量意识，加强质量控制，提高产品合格率，杜绝低层次质量问题，减小超差处理，进而降低由质量问题带来的时间、人力及经济效益损失
					投入降低程度大于产出降低程度	
					不变	
绩效工资	★				固定产出降低投入	
					投入增加程度小于产出增加程度	
					投入降低程度大于产出降低程度	
					不变	
保障类差旅		★			固定产出降低投入	充分利用信息化手段和提高保障效率，将线下会议转为视频会议；将现场评审简化为文审或函审；弹总装厂的总装文件也可进一步优化，大幅减少总装时间
					投入增加程度小于产出增加程度	
					投入降低程度大于产出降低程度	
					不变	

续表

指标	改进路径				改进策略	
	优先改进	其次改进	再次改进	保持优势		
开发类差旅				★	固定产出降低投入	
					投入增加程度小于产出增加程度	
					投入降低程度大于产出降低程度	充分利用信息化手段和提高保障效率，将线下会议转为视频会议；将现场评审简化为文审或函审；弹总装厂的总装文件也可进一步优化，大幅减少总装时间
					不变	

4.7 班组投入与产出数据的改进预估

2022年班组投入与产出改进的预估如表4-10所示。

表4-10 2022年班组投入与产出改进的预估

<table>
<tr><th colspan="3" rowspan="2">指标</th><th colspan="3">预估</th><th rowspan="2">可行性</th></tr>
<tr><th>策略</th><th>预估值</th><th>变动比率</th></tr>
<tr><td rowspan="20">投入指标</td><td rowspan="8">研发人员</td><td rowspan="4">研发全时当量</td><td>☐固定产出降低投入</td><td rowspan="4">14.72</td><td>—</td><td rowspan="4">优化人员配置，提高整体工作效率</td></tr>
<tr><td>☑投入增加程度小于产出增加程度</td><td>+37%</td></tr>
<tr><td>☐投入降低程度大于产出降低程度</td><td>—</td></tr>
<tr><td>☐不变</td><td>—</td></tr>
<tr><td rowspan="4">质量成本全时当量</td><td>☐固定产出降低投入</td><td rowspan="4">2.68</td><td>—</td><td rowspan="4">加强设计质量源头把控，避免设计质量问题</td></tr>
<tr><td>☑投入增加程度小于产出增加程度</td><td>+32%</td></tr>
<tr><td>☐投入降低程度大于产出降低程度</td><td>—</td></tr>
<tr><td>☐不变</td><td>—</td></tr>
<tr><td rowspan="4">工资收入</td><td rowspan="4">绩效工资</td><td>☐固定产出降低投入</td><td rowspan="4">—</td><td>—</td><td rowspan="4">优化人员配置，提高整体工作效率，增加产出</td></tr>
<tr><td>☑投入增加程度小于产出增加程度</td><td>—</td></tr>
<tr><td>☐投入降低程度大于产出降低程度</td><td>—</td></tr>
<tr><td>☐不变</td><td>—</td></tr>
<tr><td rowspan="8">研发差旅</td><td rowspan="4">保障类差旅</td><td>☑固定产出降低投入</td><td rowspan="4">7.84</td><td>−17.2%</td><td rowspan="4">充分采用信息化手段，优化靶场工作流程</td></tr>
<tr><td>☐投入增加程度小于产出增加程度</td><td>—</td></tr>
<tr><td>☐投入降低程度大于产出降低程度</td><td>—</td></tr>
<tr><td>☐不变</td><td>—</td></tr>
<tr><td rowspan="4">开发类差旅</td><td>☐固定产出降低投入</td><td rowspan="4">1.4</td><td>—</td><td rowspan="4">充分采用信息化手段</td></tr>
<tr><td>☐投入增加程度小于产出增加程度</td><td>—</td></tr>
<tr><td>☑投入降低程度大于产出降低程度</td><td>−70%</td></tr>
<tr><td>☐不变</td><td>—</td></tr>
<tr><td rowspan="8">产出指标</td><td rowspan="8">设计输出</td><td rowspan="4">设计输出1</td><td>☐固定投入提升产出</td><td rowspan="4">34</td><td>—</td><td rowspan="4">优化人员配置，提高整体工作效率</td></tr>
<tr><td>☑投入增加程度小于产出增加程度</td><td>+126%</td></tr>
<tr><td>☐投入降低程度大于产出降低程度</td><td>—</td></tr>
<tr><td>☐不变</td><td>—</td></tr>
<tr><td rowspan="4">设计输出2</td><td>☐固定产出降低投入</td><td rowspan="4">17</td><td>—</td><td rowspan="4">优化人员配置，提高整体工作效率</td></tr>
<tr><td>☐固定投入提升产出</td><td>—</td></tr>
<tr><td>☑投入增加程度小于产出增加程度</td><td>+70%</td></tr>
<tr><td>☐投入降低程度大于产出降低程度</td><td>—</td></tr>
</table>

续表

指标			预估			可行性
			策略	预估值	变动比率	
产出指标	设计输出	设计输出 3	☑固定产出降低投入	5	—	优化人员配置，提高整体工作效率
			□固定投入提升产出		—	
			□投入增加程度小于产出增加程度		—	
			□投入降低程度大于产出降低程度		—	
	产品	产品 1	□固定投入提升产出	43	—	优化人员配置，提高整体工作效率
			☑投入增加程度小于产出增加程度		+207%	
			□投入降低程度大于产出降低程度		—	
			□不变		—	
		产品 2	□固定投入提升产出	27	—	优化人员配置，提高整体工作效率
			☑投入增加程度小于产出增加程度		+238%	
			□投入降低程度大于产出降低程度		—	
			□不变		—	
			□不变		—	优化人员配置，提高整体工作效率
		产品 3	□固定投入提升产出	17	—	
			☑投入增加程度小于产出增加程度		54.5%	
			□投入降低程度大于产出降低程度		—	
			□不变		—	
	职称和型号职务	职称和型号职务	☑固定投入提升产出	42	16.67%	激发职工干事热情，提升自身能力
			□投入增加程度小于产出增加程度		—	
			□投入降低程度大于产出降低程度		—	
			□不变		—	
	科技成果	科技成果	□固定投入提升产出	17	—	优化人员配置，提高整体工作效率
			□投入增加程度小于产出增加程度		—	
			□投入降低程度大于产出降低程度		—	

第 5 章　科研班组效能诊断

5.1　科研班组整体效能

经模型计算后，得到 2018—2021 年科研类班组的效能结果，具体内容如表 5 - 1 所示。

表 5 - 1　2018—2021 年科研班组效能

单位	班组	2018	2019	2020	2021	年均增长率
13 研究所	A5	0.532 1	0.827 1	0.488 5	0.728 0	11.01%
13 研究所	A6	0.595 9	0.753 7	0.559 4	0.727 3	6.87%
13 研究所	A1	0.263 3	0.368 5	0.398 6	0.859 5	48.34%
13 研究所	A7	0.349 3	0.827 9	0.495 7	0.565 8	17.44%
13 研究所	A8	0.492 5	0.844 2	0.606 1	0.691 7	11.99%
13 研究所	A9	0.554 5	0.612 9	0.704 6	0.715 0	8.84%
13 研究所	A10	0.615 7	0.930 9	0.537 9	0.861 9	11.87%
13 研究所	A11	0.383 3	0.770 4	0.775 0	0.842 6	30.03%
13 研究所	A12	0.297 9	0.617 0	0.517 7	0.666 3	30.78%
25 研究所	A13	0.751 2	0.739 1	0.821 5	0.893 8	5.96%
35 厂	A3	0.513 0	0.830 7	0.861 3	0.700 4	10.94%
35 厂	A14	0.464 7	0.247 1	0.188 9	0.863 2	22.93%
12 研究所	A15	0.283 6	0.309 0	0.872 3	0.858 0	44.63%
13 研究所	A16	0.663 6	0.816 1	0.786 9	0.861 0	9.07%
16 厂	A4	0.355 7	0.214 3	0.395 5	0.689 3	24.67%
25 研究所	A17	0.397 5	0.418 8	0.821 4	0.633 8	16.83%
14 厂	A18	0.198 2	0.142 4	0.119 6	0.847 3	62.30%
13 研究所	A19	0.513 2	0.676 2	0.862 8	0.857 5	18.66%
17 研究所	A2	0.619 2	0.592 0	0.819 3	0.855 5	11.38%
25 研究所	A20	0.374 4	0.634 2	0.785 2	0.863 2	32.11%
25 研究所	A21	0.636 3	0.469 5	0.892 7	0.960 1	14.70%

由表 5－1 可知，所有科研班组年均效能均呈增长态势，其中：A18 的效能年均增长率最高，达到 62.30%；A1 和 A15 两个班组的效能年均增长率在 45%左右；A11、A12、A20 等 3 个班组的效能年均增长率在 30%左右；A4、A14、A19、A7、A17、A3、A8、A10、A2、A5 及 A21 等 11 个班组的效能年均增长率在 10%～25%之间；其余班组效能年均增长率在 10%以内。这说明随着科研班组效能的提升，班组乃至企业的科研成本都已得到了有效地控制，呈现降本增效趋势。

根据表 5－1，经计算得到 2018—2021 年航天企业 21 个科研班组平均效能，结果如表 5－2 所示。

表 5－2　2018—2021 年科研班组平均效能

	2018	2019	2020	2021
效能	0.469 3	0.602 0	0.633 9	0.787 7
增长率		28.28%	5.29%	24.27%

科研班组效能取值在［0，1］的区间范围内，当班组效能小于 1，表示班组科研资源总投入利用不充分，资源使用存在浪费现象；班组效能等于 1，表示班组科研资源总投入利用水平达到较高，不存在明显的浪费。由表 5－2 可知，2021 年航天企业的科研班组平均效能最大，达到 0.787 7，表明 78.77%的研发人力与绩效工资得到了充分利用，但仍存在 21.23%的科研资源利用不足。根据表 5－2，绘制 2018—2021 年科研班组平均效能图，具体如图 5－1 所示。

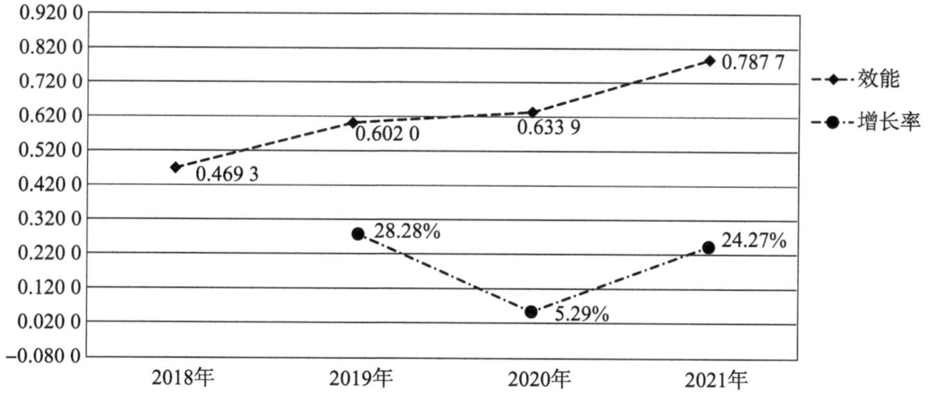

图 5－1　2018—2021 年科研班组平均效能

由图 5－1 可知，2018—2021 年科研班组平均效能在 0.46 至 0.79 的区间内波动，2018 年效能较低，其余年份的科研班组效能都呈现上升，尤其是 2019 年的班组效能提升了 28.28%，表明节省了 28.28%的成本，2021 年的班组效能提升了 24.27%，也相应地节省了 24.27%的成本。

5.2 科研班组效能增长及成因

经计算得到2018—2021年科研班组效能成因，结果如表5-3所示。

表5-3 2018—2021年科研班组效能成因

贡献率	2018	2019	2020	2021
效率提升贡献率	161.76%	56.92%	73.97%	83.01%
技术进步贡献率	−61.76%	43.08%	55.84%	16.99%

由表5-3可知，除2018年之外，2019—2021年科研班组效能的提升主要得益于班组效率的改善，也就是合理化配置科研人员、有效的人员激励机制。但技术进步对科研班组增长的贡献作用程度呈波动态势，并呈下降趋势，表明科研班组对新技术的利用与重视程度不足。2021年，科研班组效能增长83.01%来源于效率提升贡献率，而技术进步对科研班组效能增长的贡献率仅占16.99%。因此，今后航天企业应在新技术的跟踪、应用方面加大力度，继续保持及优化人员与工资的配置水平。

5.2.1 科研班组效能增长贡献率

经计算得到2021年科研班组效能，结果如表5-4所示。

表5-4 2021年科研班组效能增长贡献率

单位	班组	效能	平均产出增长率	效率提升贡献率	技术进步贡献率
13研究所	A5	0.727 995	49.02%	85.48%	14.52%
13研究所	A6	0.727 292	30.02%	52.08%	47.92%
13研究所	A7	0.565 814	14.14%	20.10%	79.90%
13研究所	A1	0.859 539	115.63%	96.47%	3.53%
13研究所	A8	0.691 667	14.12%	21.89%	78.11%
13研究所	A9	0.715 013	1.48%	−5.87%	105.87%
13研究所	A10	0.861 852	60.22%	67.37%	32.63%
13研究所	A11	0.842 582	8.72%	−7.63%	107.63%
13研究所	A12	0.666 299	28.70%	51.14%	48.86%
25研究所	A13	0.893 804	8.80%	6.37%	93.63%
35厂	A3	0.700 447	−18.67%	91.48%	8.52%
35厂	A14	0.863 199	356.86%	95.06%	4.94%
12研究所	A15	0.858 006	−1.64%	−12.65%	112.65%
13研究所	A16	0.860 974	9.41%	74.41%	25.59%
16厂	A4	0.689 267	74.28%	80.70%	19.30%
25研究所	A17	0.633 786	−22.84%	90.64%	9.36%
14厂	A18	0.847 251	608.67%	96.59%	3.41%

续表

单位	班组	效能	平均产出增长率	效率提升贡献率	技术进步贡献率
13 研究所	A19	0.857 501	−0.62%	−5.87%	105.87%
17 研究所	A2	0.855 515	4.42%	−8.29%	108.29%
25 研究所	A21	0.960 118	7.56%	101.57%	−1.57%
25 研究所	A20	0.863 23	9.94%	−0.81%	100.81%

由表 5－4 可知，大部分班组的效能增长仍得益于效率的改善，技术进步对效能增长的贡献作用不明显，A15、A2、A20 与 A11 等班组的技术进步贡献率在 90%以上。

5.2.2　科研班组效能—产出增长率矩阵图

表 5－5 反映 2021 年科研班组效能—产出增长率情况。

表 5－5　2021 年科研班组效能—产出增长率

班组	2021 年增长率	效能
A5	118.57%	0.727 995
A6	28.40%	0.727 292
A7	14.72%	0.565 814
A1	13.05%	0.859 539
A8	13.05%	0.691 667
A10	54.36%	0.861 852
A11	−0.61%	0.842 582
A12	39.95%	0.666 299
A16	58.70%	0.860 974
A9	14.61%	0.715 013
A19	8.97%	0.857 501
A15	10.04%	0.858 006
A2	12.50%	0.855 515
A21	13.72%	0.960 118
A20	77.36%	0.863 23
A13	9.99%	0.893 804
A17	−11.99%	0.633 786
A18	248.93%	0.847 251
A4	53.34%	0.689 267
A14	125.26%	0.863 199
A3	13.78%	0.700 447
平均	43.27%	0.787 7

根据2021年科研班组效能与产出增长率指标，绘制2021年科研班组效能—产出增长率矩阵图（详见图5-2）。根据2021年科研班组效能与产出增长率两项指标均值，可将班组划分为四种类型。其中：产出增长率与效能增长率都高的班组，属于保持优势区；产出增长率较低，但班组效能高的班组，属于产能提升区；产能增长率与效能都低的班组，属于关键改进区；产出增长率较高，但效能较低的班组，则属于效能改进区。

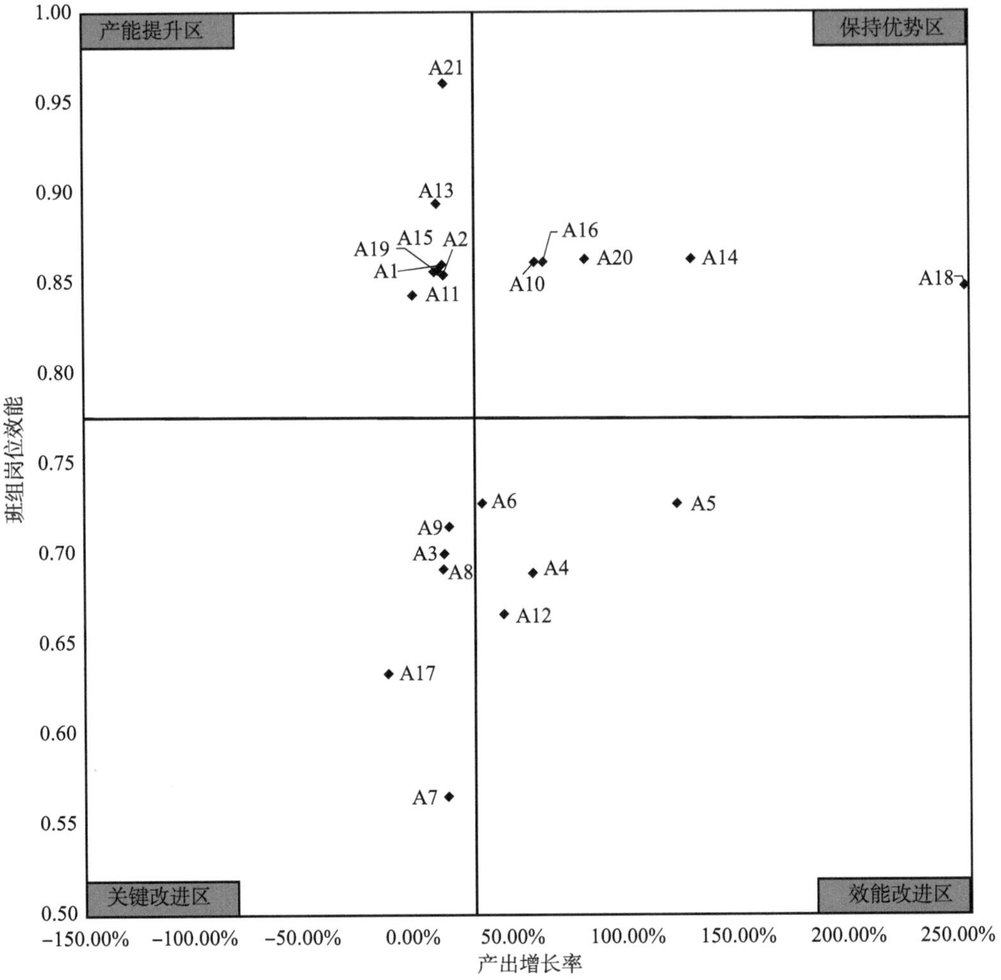

图5-2　2021年科研班组效能—产出增长率矩阵图

由图5-2可知，A10、A16、A20、A14、A18等班组需要继续保持其在效能和科研产出提升方面的优势；A19、A15、A11、A2等班组虽然效能较高，但产出增长率一般，因而需要继续提升科研产出；A8、A9、A17、A3和A7由于产出增长率与效能都较低，因而成为关键改进的班组；A4、A12、A6与A5虽然产出提升较快，但效能较低，因而需要提升班组效能。

5.3　科研班组效能改进路径

经计算得到 2021 年科研班组效能改进路径，结果如图 5－3 所示。

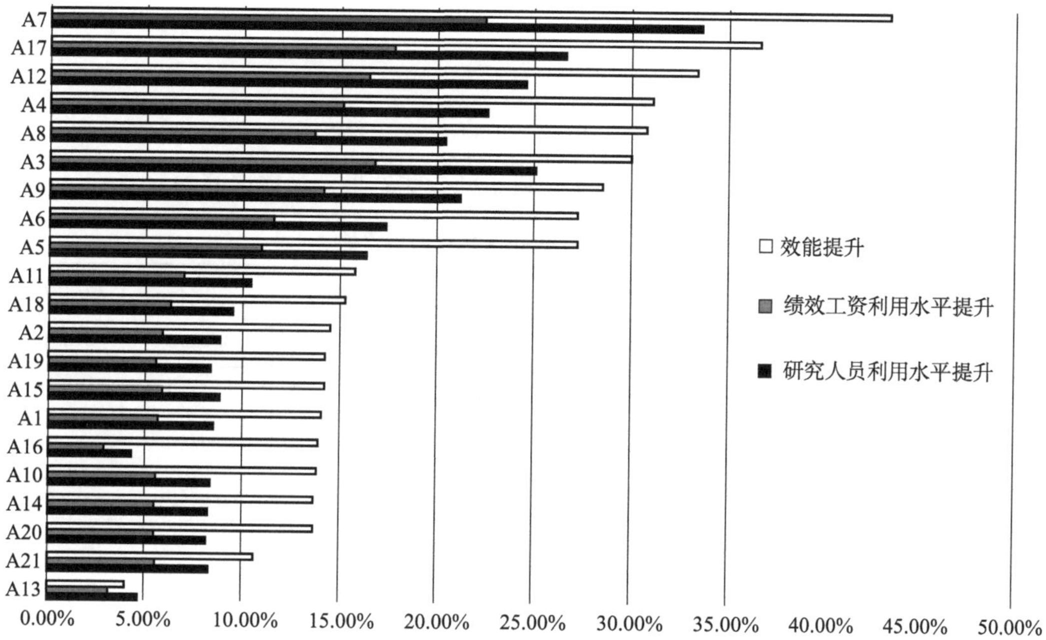

图 5－3　2021 年科研班组效能改进路径

由图 5－3 可知，提高科研班组研究人员与绩效工资的利用水平，可以促进班组效能的提升。其中，A7 班组绩效工资利用水平和研究人员利用水平分别提升 23％和 33％左右，其班组效能将会提升 44％。其次，A17、A12、A8、A5 等班组绩效工资和研究人员利用水平的改进能促进班组的效能提升 25％以上，A18、A11 以及 A20 等班组绩效工资和研究人员利用水平的改进使其班组效能提升了 15％左右。

第 6 章　生产班组效能诊断

6.1　生产班组整体效能

经模型计算后，得到 2018—2021 年生产班组的效能结果，具体内容如表 6－1 所示。

表 6－1　2018—2021 年生产班组效能

单位	班组	2018	2019	2020	2021	年均增长率
35 厂	B2	0.032 1	0.288 7	0.373 4	0.988 6	213.45%
17 研究所	B3	0.968 7	0.659 2	0.647 6	0.978 8	0.35%
17 研究所	B4	0.823 2	0.767 1	0.679 0	0.988 9	6.30%
16 厂	B5	0.355 3	0.400 7	0.581 4	0.884 6	35.53%
38 厂	B6	0.170 9	0.326 5	0.030 2	0.152 9	－3.64%
17 研究所	B7	0.158 2	0.141 1	0.114 0	0.987 6	84.13%
14 厂	B8	0.187 1	0.349 2	0.336 1	0.781 6	61.05%
19 研究所	B9	0.743 8	0.948 8	0.622	0.988 9	9.96%
12 研究所	B10	0.536 9	0.602 2	0.967 1	0.984 1	22.38%
14 厂	B11	0.728 9	0.728 6	0.888 0	0.988 9	10.70%
16 厂	B12	0.306 2	0.589 8	0.902 2	0.530 2	20.08%
17 研究所	B13	0.739 5	0.815 2	0.890 2	0.988 9	10.17%
14 厂	B14	0.061 2	0.109 1	0.078 3	0.988 9	152.81%
16 厂	B15	0.156 8	0.346 8	0.717 0	0.773 8	70.25%
16 厂	B16	0.323 8	0.887 7	0.825 7	0.931 4	42.22%
17 研究所	B17	0.964 1	0.945 6	0.954 7	0.981 0	0.58%
16 厂	B18	0.312 6	0.488 2	0.980 7	0.977 9	46.25%
12 研究所	B19	0.416 5	0.741 9	0.190 3	0.946	31.45%
16 厂	B1	0.127 2	0.302 1	0.506 9	0.977 3	97.32%
14 厂	B20	0.070 6	0.398 8	0.496 3	0.988 9	141.05%
25 研究所	B21	0.501 5	0.499 7	0.785 4	0.988 9	25.40%

由表 6－1 可知，除 38 厂 B6 班组之外，其余 20 个生产班组效能均呈年均增长态势，其中：B1、B2、B14、B20 班组的效能年均增长率在 90%以上；B7、B8、B15、B16 以 B18 班组的效能年均增长率在 42%～85%之间；B5、B10、B12、B19 以及 B21 等 5 个班组的效能年均增长率在 20%～36%之间；其余班组年均增长率则基本在 10%以内。这说明，随着生产班组效能的提升，班组乃至全企业的生产成本都已得到了有效地控制，呈现降本增效趋势。

根据表 6－1，经计算得到 2018—2021 年航天企业 21 个生产班组平均效能，结果如表 6－2 所示。

表 6－2　2018—2021 年生产班组平均效能

	2018 年	2019 年	2020 年	2021 年
效能	0.413 6	0.539 9	0.598 4	0.895 1
增长率		30.54%	10.84%	49.59%

生产班组效能取值在［0，1］的区间范围内，当班组效能小于 1，表示班组生产资源总投入利用不充分，资源使用存在浪费现象；班组效能等于 1，表示班组生产资源总投入利用水平达到较高，不存在明显的浪费。由表 6－2 可知，2021 年航天企业的生产班组平均效能最大，达到 0.895 1，表明 89.51%的生产人员、绩效工资、生产费用得到充分利用，但仍存在 10.49%的生产资源利用不足。根据表 6－2，绘制 2018—2021 年生产班组平均效能图，具体见图 6－1 所示。

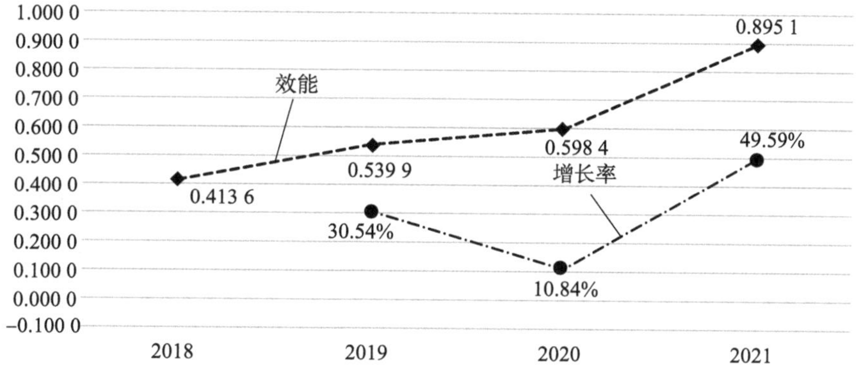

图 6－1　2018—2021 年生产班组平均效能

由图 6－1 可知，2018—2021 年生产班组平均效能在 0.41 至 0.9 的区间内波动，历年生产班组效能都呈上升趋势，尤其是 2019 年的班组效能提升了 30.54%，表明节省了 30.54%的成本，2021 年的班组效能提升了 49.59%，也相应地节省了 49.59%的成本。

6.2　生产班组效能增长及成因

经计算得到 2018—2021 年生产班组效能成因，结果如表 6－3 所示。

表 6-3　2018—2021 年生产班组效能成因

贡献率	2018	2019	2020	2021
效率提升贡献率	131.00%	74.98%	82.75%	100.96%
技术进步贡献率	-31.00%	25.02%	17.25%	-0.96%

由表 6-3 可知，除 2018 年之外，2019—2021 年生产班组效能的提升主要得益于班组效率的改善，也就是合理化配置生产人员、有效的人员激励机制。但技术进步对生产班组增长的贡献作用程度呈下降趋势，说明生产班组对新技术的利用与重视程度不足。2021 年，生产班组效能增长 100.96%来源于效率提升贡献，而技术进步对生产班组效能增长的贡献率则为-0.96%。因此，今后航天企业应在新技术的跟踪、应用方面应加大投入，继续保持及优化人员、工资与生产费用的配置水平。

6.2.1　生产班组效能排序

与科研班组相似，每一年的班组效能都会因为偶然因素（产能调整、人员调动）的影响，出现效能结果的波动性。为增加排序结果的可靠性，对 2019 年、2020 年与 2021 年的班组效能分别按照 0.2、0.3 与 0.5 的权重进行赋权，并加和计算，得到各班组效能的排序结果，具体内容如表 6-4 所示。

表 6-4　生产班组效能排序

单位	班组	平均
35 厂	B2	0.664 1
17 研究所	B3	0.815 5
17 研究所	B4	0.851 6
16 厂	B5	0.696 9
38 厂	B6	0.150 8
17 研究所	B7	0.556 2
14 厂	B8	0.561 5
19 研究所	B9	0.870 8
12 研究所	B10	0.902 6
14 厂	B11	0.906 6
16 厂	B12	0.653 7
17 研究所	B13	0.924 6
14 厂	B14	0.539 8
16 厂	B15	0.671 3

续表

单位	班组	平均
16 厂	B16	0.890 9
17 研究所	B17	0.966 0
16 厂	B18	0.880 8
12 研究所	B19	0.678 5
16 厂	B1	0.701 1
14 厂	B20	0.723 1
25 研究所	B21	0.830 0

由表 6－4 内容可知，B17、B13、B11、B10、B16 等 10 个班组，分列生产班组效能的前 10，效能值在 0.8 以上，表明生产资源得到充分利用。但其余班组的生产资源利用水平还有待于提高。

6.2.2　生产班组效能增长贡献率

经计算得到 2021 年生产班组效能增长贡献率，结果如表 6－5 所示。

表 6－5　2021 年生产班组效能增长贡献率

单位	班组	效能	增长率	效率提升贡献率	技术进步贡献率
35 厂	B2	0.988 583	164.73%	90.49%	9.51%
17 研究所	B3	0.978 778	51.14%	104.97%	−4.97%
17 研究所	B4	0.988 896	45.65%	86.63%	13.37%
16 厂	B5	0.884 619	52.14%	91.14%	8.86%
38 厂	B6	0.152 851	406.62%	97.66%	2.34%
17 研究所	B7	0.987 633	766.50%	98.95%	1.05%
14 厂	B8	0.781 588	132.54%	53.16%	46.84%
19 研究所	B9	0.988 896	58.98%	110.43%	−10.43%
12 研究所	B10	0.984 121	1.76%	105.23%	−5.23%
14 厂	B11	0.988 896	11.36%	14.78%	85.22%
16 厂	B12	0.530 228	−41.23%	99.74%	0.26%
17 研究所	B13	0.988 896	11.08%	104.97%	−4.97%
14 厂	B14	0.988 896	1 163.03%	−5.87%	105.87%
16 厂	B15	0.773 777	7.92%	13.54%	86.46%

续表

单位	班组	效能	增长率	效率提升贡献率	技术进步贡献率
16 厂	B16	0.931 394	12.80%	105.98%	−5.98%
17 研究所	B17	0.981 023	2.76%	105.09%	−5.09%
16 厂	B18	0.977 862	−0.29%	107.80%	−7.80%
12 研究所	B19	0.945 992	397.01%	102.31%	−2.31%
16 厂	B1	0.977 288	92.81%	107.66%	−7.66%
14 厂	B20	0.988 896	99.26%	52.06%	47.94%
25 研究所	B21	0.988 896	25.91%	74.60%	25.40%

由表 6－5 可知，大部分班组的效能增长仍得益于效率的改善，技术进步对效能增长的贡献作用不明显，但 B11、B15、B14 等班组的技术贡献率在 80%以上。

6.2.3 生产班组效能—产出增长率矩阵图

表 6－6 反映的是 2021 年生产班组效能—产出增长率情况。

表 6－6　2021 年生产班组效能—产出增长率

班组	2021 年增长率	效能
B2	82.28%	0.988 6
B3	42.22%	0.978 8
B4	48.02%	0.988 9
B5	83.88%	0.884 6
B6	96.85%	0.152 9
B7	203.12%	0.987 6
B8	100.66%	0.781 6
B9	40.94%	0.988 9
B10	16.96%	0.984 1
B11	34.39%	0.988 9
B12	5.60%	0.530 2
B13	8.26%	0.988 9
B14	341.41%	0.988 9
B15	17.94%	0.773 8
B16	16.05%	0.931 4

续表

班组	2021 年增长率	效能
B17	7.76%	0.981 0
B18	16.82%	0.977 9
B19	81.00%	0.946 0
B1	76.12%	0.977 3
B20	57.80%	0.988 9
B21	29.74%	0.988 9
平均	67.04%	0.895 1

根据 2021 年生产班组效能与产出增长率指标，绘制 2021 年生产班组效能—产出增长率矩阵图。根据 2021 年生产班组效能与产出增长率两项指标均值，可将班组划分为四种类型。其中：产出增长率与效能增长率都高的班组，属于保持优势区；产出增长率较低，但班组效能高的班组，属于产能提升区；产能增长率与效能都低的班组，属于关键改进区；产出增长率较高，但效能较低的班组，则属于效能改进区，详见图 6 - 2 所示。

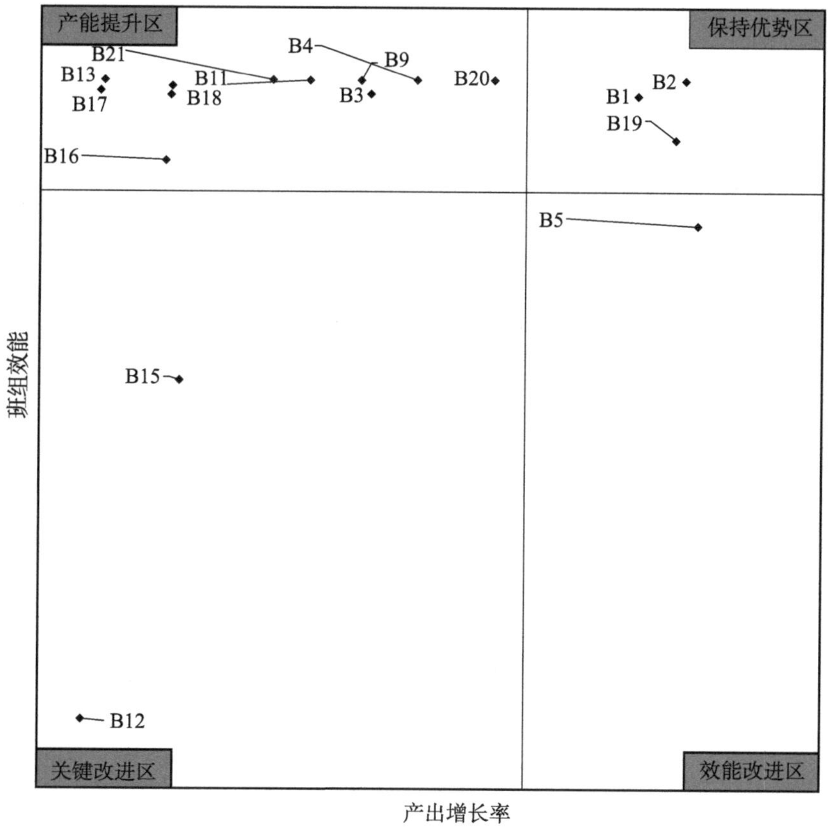

图 6 - 2　2021 年生产班组效能—产出增长率矩阵图

由图 6－2 可知，B1、B2 等班组需要继续保持其在效能和产能提升方面的优势；B4、B9、B3 等班组虽然效能较高，但产出增长率一般，因而需要继续提升产能；B12、B15 由于产出增长率与效能都较低，因而成为关键改进的班组；B5 虽然产出提升较快，但效能较低，因而需要提升班组效能。

6.3 上下游生产工序班组效能耦合协调性

效能追求的重点应该是关注上下游工序的整体效能，这对企业控制成本才更有实际意义，现实中的生产序贯式结构如图 6－3 所示。

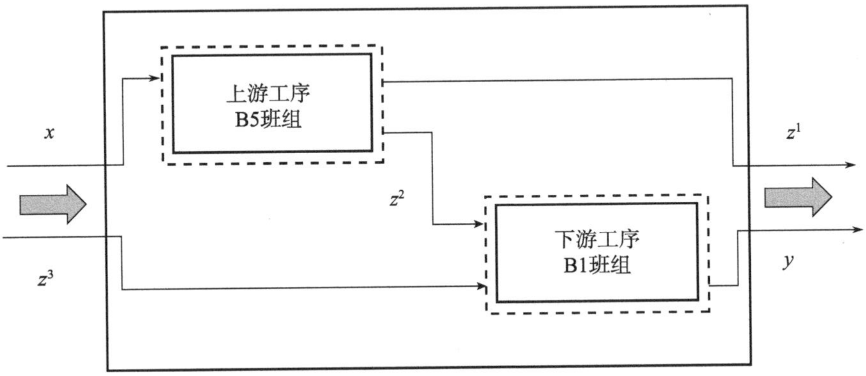

图 6－3　序贯式生产结构图

由图 6－3 可知，在上游工序，即工序 1，B5 投入生产要素 x，经生产活动得到中间产品 z^1 和 z^2。在下游工序，即工序 2，B1 通过投入生产要素 z^3，通过生产经营活动获得产出要素 y。表 6－7 为序贯式结构生产班组投入—产出指标及其含义。

表 6－7　序贯式结构生产班组投入—产出指标及其含义

变量	指标	单位	含义
投入要素（x）	员工数量	人	班组劳动力投入情况
	基本工资	万元	班组人员基本工资金额投入
	绩效工资	万元	班组人员绩效工资金额投入
	生产场地面积	平方米	场地资源投入
	固定资产净值	万元	生产设备投入
	可变成本	万元	材料、道具、水电、冷却液、低值易耗品等成本
	生产费用	万元	生产外协、差旅、交通费、设备维护费
	工装	万元	非标设计方面投入

续表

变量	指标		单位	含义
中间产出要素	z^1	废品	件	不合格产品数量
	z^2	中间产品 1	件	中间产品 1 的数量
		中间产品 2	件	中间产品 2 的数量
	z^3	员工数量	人	班组劳动力投入情况
		工资金额	万元	班组人员工资金额投入
		生产场地面积	平方米	场地资源投入
		固定资产净值	万元	生产设备投入
		可变成本	万元	材料、道具、水电、冷却液、低值易耗品等成本
		生产费用	万元	生产外协、差旅、交通费、设备维护费
		工装	万元	非标设计方面投入
产出要素（y）	最终产品 1		件	最终产品 1 的数量
	最终产品 2		件	最终产品 2 的数量
	最终产品 3		件	最终产品 3 的数量
	最终废品		件	最终不合格产品数量

序贯式结构生产班组效能的耦合关系如图 6－4 所示。

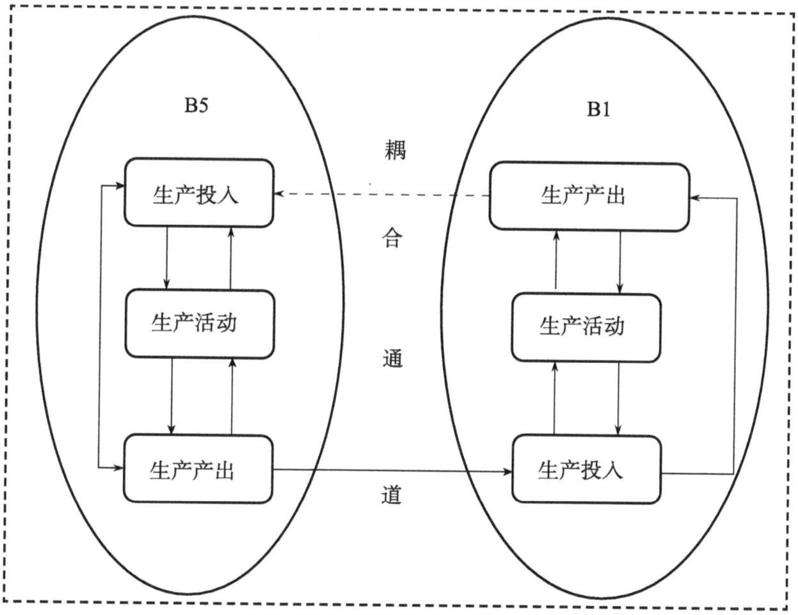

图 6－4　序贯式结构生产班组效能的耦合关系

B5 与 B1 两个生产系统存在着彼此关联、互相促进的耦合效应。

$$C = 2\frac{\sqrt{U_j^1 \times U_j^2}}{U_j^1 + U_j^2} \tag{6-1}$$

式（6－1）中，C 为耦合度。C 的取值在［0，1］的区间内。C 值越大表明上下游生产工序班组效能彼此之间越接近良性共振耦合，系统越趋向新的有序结构；C 值越小则意味着两者之间的作用程度越小，系统越趋于无序状态。为防止两系统效能同时低下也可能出现的较高的耦合度，构建系统间的耦合协调度模型，计算公式如式（6－2）所示。

$$D = (C \times T)^{\frac{1}{2}} \tag{6-2}$$

式（6－2）中，D 为耦合协调度，其中 T 为综合调和指数，它等于 $a \times U_j^1 + b \times U_j^2$，这里设定 $a = 0.5$ 和 $b = 0.5$。以 B1 与 B5 班组的上下游工序为例，计算结果如表 6－8 所示。

表 6－8　2018—2021 年序贯式结构生产班组效能耦合协调

	2018 年	2019 年	2020 年	2021 年
耦合协调度	0.461 1	0.589 9	0.736 8	0.964 3

由表 6－8 内容可知，2018 年 B5 与 B1 的耦合协调度较低，但随着近些年管理水平的提升与班组效能的优化，两个班组效能的耦合协调度水平在不断提升，2021 年达到了 0.964 3，但耦合协调性仍具有一定的提升空间。

6.4　生产班组效能改进路径

经计算得到 2021 年生产班组效能改进路径，结果见图 6－5 所示。

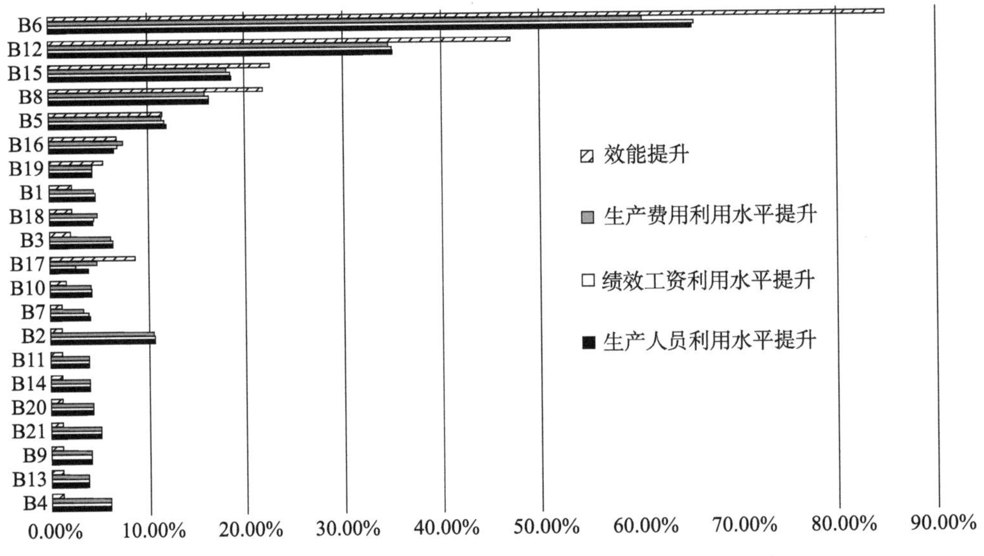

图 6－5　2021 年生产班组效能改进路径

提高生产班组人员、绩效工资与生产费用的利用水平，可以促进班组效能的提升。由图 6－5 可知，B6 的生产人员、生产费用与绩效工资的利用效率需要大幅度提升，提高程度在 60％以上，效能则可以提升 80％；B12、B5、B15 与 B8 的生产人员、生产费用与绩效工资利用效率也存在着巨大的提升空间。

第 7 章　保障班组效能诊断

7.1　保障班组整体效能

经模型计算后，得到 2018—2021 年保障班组的效能结果，具体内容如表 7 - 1 所示。

表 7 - 1　2018—2021 年保障班组效能

单位	班组	2018	2019	2020	2021	年均增长率
35 厂	C2	0.769 4	0.793 2	0.962 6	0.986 5	8.64%
33 厂	C3	0.765 2	0.646 2	0.824 5	0.986 5	8.84%
16 厂	C4	0.359 1	0.856	0.981 1	0.982 5	39.86%
27 研究所	C1	0.580 9	0.747 6	0.724 7	0.566 8	−0.82%
14 厂	C5	0.475 1	0.527 6	0.647 2	0.951 5	26.05%

由表 7 - 1 可知，除 C1 之外，其余 4 个保障班组效能呈年均增长态势，其中：C4 的效能年均增长率达到 39.86%；C5 的效能年均增长率达到 26.05%；其余班组的年均效能均在 10%以内。这说明随着保障班组效能的提升，班组乃至企业的保障成本都已得到了有效地控制，呈现降本增效趋势。

根据表 7 - 1，经计算得到 2018—2021 年航天企业 5 个保障班组平均效能，结果如表 7 - 2 所示。

表 7 - 2　2018—2021 年保障班组平均效能

	2018	2019	2020	2021
效能	0.589 9	0.714 1	0.828 0	0.894 8
增长率		21.05%	15.95%	8.06%

保障班组效能取值在［0，1］的区间范围内，当班组效能小于 1，表示班组保障资源总投入利用不充分，资源使用存在浪费现象；班组效能等于 1，表示班组保障资源总投入利用水平较高，不存在明显的浪费。由表 7 - 2 可知，2021 年航天企业的保障班组平均效能最高，达到 0.894 8，表明 89.48%的保障人员、绩效工资得到充分利用，但仍存在 10.51%的保障资源利用不足。根据表 7 - 2，绘制 2018—2021 年保障班组平均效能图，具体见图 7 - 1 所示。

由图 7 - 1 可知，2018—2021 年保障班组平均效能在 0.58 至 0.9 的区间内波动，历年保障班组效能都呈上升趋势，尤其是 2019 年的班组效能提升了 21.05%，表明节省了 21.05%的成本，2021 年的班组效能提升了 8.06%，也相应地节省了 8.06%的成本。

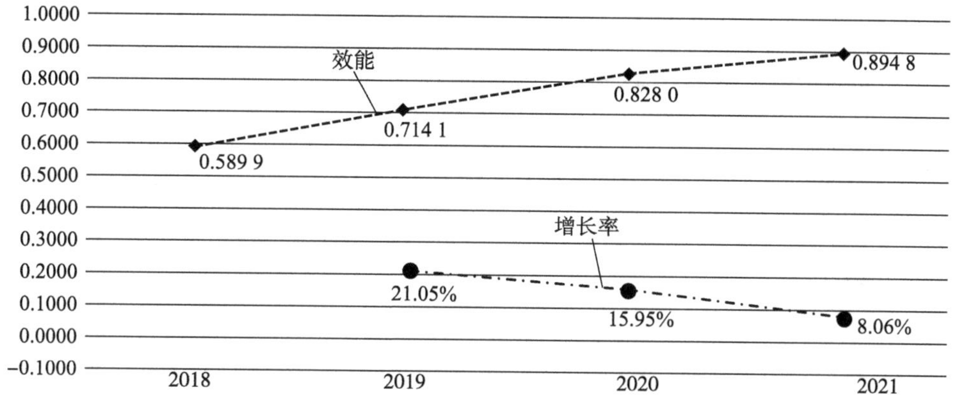

图 7-1 2018—2021 年保障班组平均效能

7.2 保障班组效能增长及成因

经计算得到 2018—2021 年保障班组效能成因，结果如表 7-3 所示。

表 7-3 2018—2021 年保障班组效能成因

贡献率	2018	2019	2020	2021
效率提升贡献率	−13.82%	81.04%	−25.03%	146.58%
技术进步贡献率	113.82%	18.96%	125.03%	−46.58%

由表 7-3 可知，2018—2021 年保障班组效能增长主要来源于效率提升的贡献率，也有来源于技术进步的贡献率。

经计算得到 2021 年保障班组效能增长贡献率，结果如表 7-4 所示。

表 7-4 2021 年保障班组效能增长贡献率

单位	班组	效能	增长率	效率提升贡献率	技术进步贡献率
35 厂	C2	0.986 451	2.48%	102.31%	−2.31%
33 厂	C3	0.986 527	19.65%	89.50%	10.50%
16 厂	C4	0.982 54	0.15%	86.63%	13.37%
27 研究所	C1	0.566 754	−21.80%	149.10%	−49.10%
14 厂	C5	0.951 517	47.02%	107.91%	−7.91%

由表 7-4 可知，大部分班组的效能增长仍是得益于效率的改善，技术进步对效能增长的贡献作用不明显。

7.3 保障班组效能改进路径

经计算得到 2021 年保障班组效能改进路径，结果见图 7-2 所示。

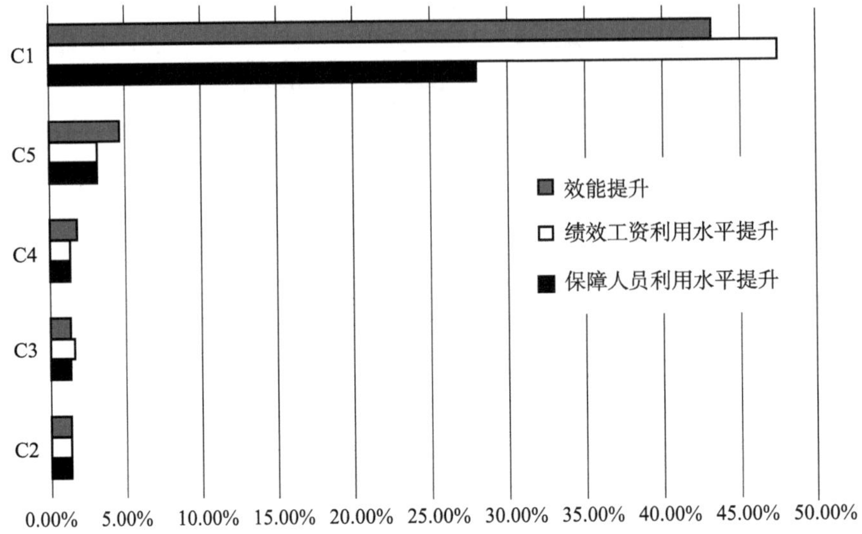

图 7-2　2021 年保障班组效能改进路径

由图 7-2 可知，优化保障班组人员及绩效工资的使用效率能够显著提升班组的效能。例如，C1 保障班组通过将人员使用效率提升约 27%，并将绩效工资的使用效率提高约 47%，其班组效能便有可能提升超过 47%。

第3篇 优化实践篇

第 8 章　多层级班组效能管理模式

建立从“班组—车间（研究室）及职能部门—工厂（研究所）—公司”的多层次效能管理体系，有利于班组通过自我评估、检查和改进来识别问题并形成改进措施，进而提高效能。同时，车间（研究室）及职能部门能够通过技术升级与资源配置支持班组提升效能。此外，公司及其所属单位可以通过比较各班组的效能，识别共性问题并开发更有效的管理方法，促进整体效能提升。这一体系整合了科研、生产和运营资源，为技术革新、流程优化和资源分配提供保障。它还能有效地控制成本，支持航天企业的精细化管理，并为经营决策提供依据。具体在应用中应包括不同层级的管理内容。

8.1　班组层级管理

在班组层面，根据班组效能静态自评价结果，分析制约个体班组效能提升的短板与瓶颈，如：人员配备是否科学，技能水平是否合格，软硬件设备的技术水平是否配套，以及资金成本利用效率低，科研及生产产出不足等影响班组效能提升的因素。对此，宜采用现场管理方法进行改进，具体内容如表 8－1 所示。

表 8－1　班组效能影响因素及改进方法

班组效能影响因素	原因	现场管理方法
人员配备和技能水平	班组人员数量不足或者缺乏必要的技能，阻碍科研与生产工作的正常开展	增加人员配备或者通过培训来提高班组人员的技能水平，提升产出水平
工作环境和设备	工作环境的脏乱以及设备维护不及时、设备系统过于陈旧，导致工作效率下降，安全事故发生率提升	积极改善工作环境，维护并升级设备，提高班组的整体效能
沟通和协作	班组成员之间缺乏有效的沟通与协作，成员之间易产生冲突和误解，从而难以顺利执行任务	积极开展团队建设活动、促进班组成员之间的沟通，从而提升班组成员间的沟通和协作能力
工作流程和标准化	工作流程不清晰或缺乏标准化，导致工作执行存在偏差与错误	优化工作流程、制定标准操作程序等方法，从而提高班组效能
管理者的领导能力和激励机制	管理者领导能力不足或者不能有效激励班组成员，造成班组成员的工作积极性和参与度降低	通过提升领导能力、建立激励机制等方法，提高班组效能

由表 8－1 可知，识别班组效能影响因素并利用现场管理方法进行改进是提高班组工作效能的有效途径。通过关注人员配备和技能水平、工作环境和设备、沟通和协作、工作流程和标准化以及领导能力和激励机制等方面的问题，管理者可以找出问题所在，并采取相应的措施进行改进，进而提高班组效能。

8.2 车间、研究室及职能部门层级管理

在车间、研究室及职能部门层面，重在针对量化评价体系发现的共性问题，进行技术升级改造、生产资源协调和再配置。例如：1）数智技术应用程度较低，多网并行造成信息孤岛，增加了班组运营成本；2）研发设计与产品生产、生产上下游工艺间的衔接不畅，造成资源浪费，增加了等待时间；3）设备自动化率低，产品生产大部分仍然依赖手工作业，可变生产成本较高，环保技术与工艺改进有待进一步提升。

为了解决以上资源浪费和不合理分配的情况所导致的效能下降问题，车间、研究室及职能部门可以借助人工智能和智能调度系统的数字技术，合理规划和分配资源，提高资源利用率；或者对设备、技术进行升级改造，对生产资源进行协调、优化配置。

8.3 公司、工厂（研究所）层级管理

在公司、工厂（研究所）层面，针对绩效考核的精准性不高，员工激励效果有待提高，人员与业务匹配程度有待提高等问题，单位需要制定效能提升的目标导向政策和激励政策，多层次协同推进班组效能提升。

8.3.1 建立班组效能评价工作考核机制

建立班组效能评价工作考核机制，将班组效能评价成效与年度经营业绩挂钩，目的是推动单位加强班组效能评价工作，并实时总结经验成果，积极应用到能力建设、技术攻关、工艺改进、计划制定、成本管控等生产经营管理方面，使班组效能量化评价的结果能有效应用于科研生产和经营管理中。建立班组效能评价工作考核机制步骤的具体内容如表 8－2 所示。

表 8－2　建立班组效能评价工作考核机制的步骤

步骤	措施	具体内容
第一步	完善指标体系	明确科研、生产及保障类班组运营系统的特征，并建立一个客观且可衡量的班组效能评价指标体系
第二步	设定考核目标	根据企业年度经营绩效要求，设定可衡量、可实施的班组效能考核目标
第三步	形成考核机制	根据指标重要性和影响程度进行合理的权重分配，设定考核周期，采用定性与定量相结合的分析方法进行考核
第四步	建立奖惩机制	建立有效的奖惩机制。对于表现优秀的班组，给予奖励，例如颁发奖金或授予荣誉称号；对于表现不佳的班组，则给予相应的惩罚，比如降级或处罚
第五步	强化学习交流	组织如经验分享会和技术研讨会等活动，推动班组间的相互学习和借鉴。同时，举办班组间的竞赛活动，以营造积极的竞争氛围

建立有效的班组效能评价和考核机制至关重要。通过将班组效能的评价结果与年度经营绩效要求相结合，可以激励各单位对评价工作给予更多的关注，并将其深入地融入科

研、生产以及经营管理之中。这样不仅提高了班组效能，还提升了质量水平。

8.3.2 建立班组效能量化评价与成本管控的结合机制

将班组效能量化评价与成本控制机制有机地融合，有助于在提升企业整体效能的同时降低企业的运营成本。通过进行班组效能量化评估，可以更清晰地了解班组的资源投入与产出情况。基于这些分析结果，企业管理者能够制定优化资源投入的目标和策略，实现资源配置和利用的最优化，从而提升企业整体效能。此外，班组效能评价体系对成本控制具有积极影响。该体系能够及时发现并解决效能不足的问题，有效减少运行成本。同时，它还能帮助管理层合理预测资源投入与产出，为成本控制提供决策支持。

总之，将班组效能的量化评价融入成本管控体系中，不仅促进了班组效能的提升和成本的降低，还为班组提供了实用的管理方法和决策工具。这对于提高运行效率和降低成本具有重要的意义。

8.3.3 建立班组效能提升迭代优化机制

借鉴PDCA循环［即计划（Plan）、执行（Do）、检查（Check）和行动（Act）］的思想方法，建立这样一个班组效能提升的迭代优化机制，即依据量化评价结果制定效能提升策略→实施效能提升策略→量化评价效能提升效果→改进效能提升策略。具体内容如表8-3所示。

表8-3 建立班组效能提升迭代优化机制的步骤

步骤	措施	具体内容
第一步	依据评价结果制定效能提升策略	通过评估班组效能及其成因，识别问题与不足，然后针对性地制定提升策略。例如，针对班组效能存在的人员利用效率降低、产生水平不足等问题，可以通过制定强化培训、改进流程和优化资源配置等策略以提升班组效能
第二步	实施效能提升策略	班组依据既定的策略，通过全员的协作执行相应措施。例如，班组开展强化培训，进行相关的培训课程，提升成员的工作技能，从而提高整体工作效率
第三步	量化评价效能提升效果	通过对班组效能进行量化评价，识别可以促进效能提升的有利因素，推测制约效能提高的不利因素，为效能的进一步改进指明方向
第四步	改进效能提升策略	比较分析评价结果与预期目标的差距，班组可以对评价结果进行思考和总结，进一步调整与优化提升策略，以实现效能的进一步提升

由表8-3可知，通过以上迭代优化机制的建立与实施，班组可以不断地提升工作效率和工作质量，提高绩效水平，最终实现组织和个人目标的协同发展，推动一线班组价值创造能力的提升。

第 9 章　班组效能优化思路、目标与原则

在总结并分析整个企业内制约班组效能的共性问题后，发现这些问题主要包括：数字技术应用程度较低，多网并行造成信息孤岛，增加了班组运行成本；研发设计与产品生产、生产上下游工艺间的衔接不畅，造成资源浪费，增加了等待时间；设备自动化率低，产品生产大部分仍然依赖手工作业，可变生产成本较高，环保技术与工艺改进有待进一步提升；员工激励效果有待提高，人员与业务匹配程度有待提高，需要培养一专多能、适应多种操作的员工。

因此，班组效能优化的重点是加快数字化转型，以便更好地达成目标、降低成本并提升质量。效能优化的途径主要由效能优化的思路、目标与原则等要素构成，目的是更好地促进效能提升。班组效能优化的具体内容如图 9－1 所示。

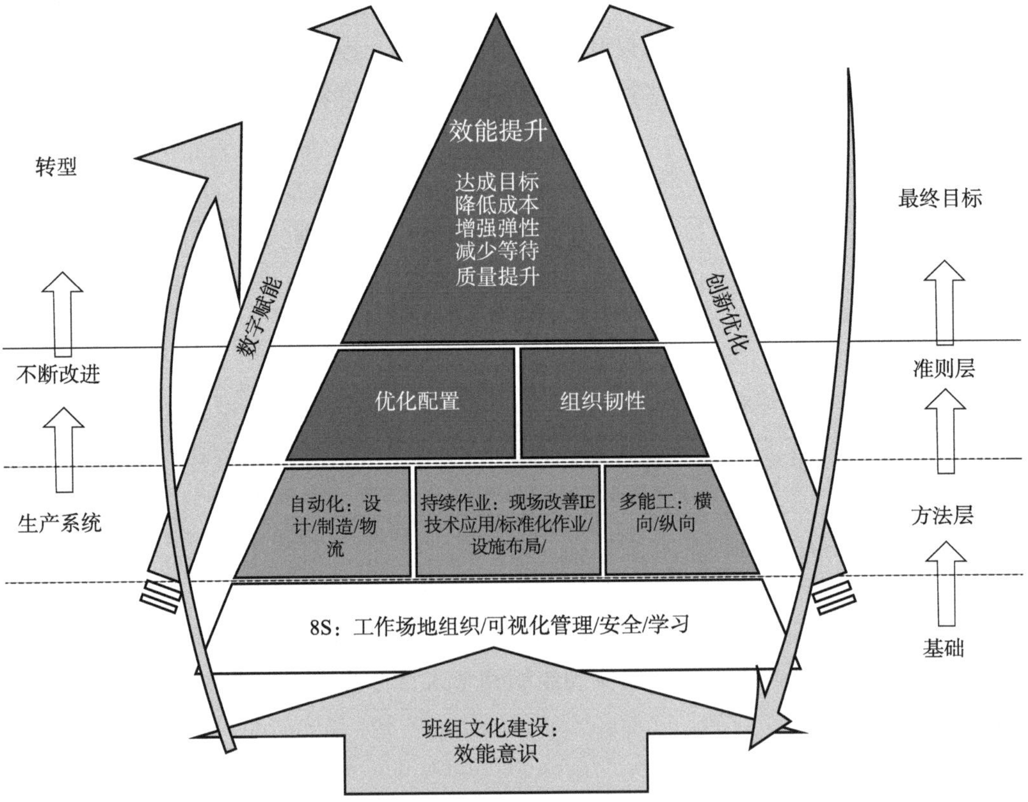

图 9－1　班组效能优化思路图

9.1　班组效能优化思路

班组效能优化思路主要由理念、基础、方法、准则和目标构成，其中：

1）班组效能优化理念：主要包括数字赋能与创新优化；

2）班组效能优化基础：主要包括班组的文化建设、8S 管理等方面；

3）班组效能优化方法：主要包括自动化、连续作业以及多能工等方法；

4）班组效能优化准则：主要包括遵循少人化和组织韧性；

5）班组效能优化目标：主要包括达成目标、降低成本、增强弹性、减少等待时间和提升质量。

9.1.1　班组效能优化理念

班组提升效率的核心在于加强数字化技术的应用和革新工作流程。借助先进的数字管理系统、分析工具及实时监控手段，班组能更科学地分配工作任务并监管进度，从而显著提升航天研发与生产的质量和安全。因此，班组成员应积极提出创新思路和改进方案，持续优化工作流程，以提高效率和竞争力。

（1）数字赋能

即利用数字技术和相关软件工具提高企业的生产能力、管理水平和运营效率，在企业的研发与设计、生产制造、供应链管理、质量控制和运营管理等各个环节发挥重要作用。其作用具体有：一是提高生产效率，利用数字化技术可以促进生产速度提升与生产成本降低，提高产品质量和一致性；二是实现智能化研发与设计，借助仿真分析和虚拟现实等技术进行产品设计和验证，减少试错成本，提高设计准确性和效率；三是整合供应链管理，借助数字化技术构建供应链管理系统，实现供应商、物流、库存等各环节的信息共享和协同，提高供应链的响应能力和效率；四是改善质量控制与追溯，利用物联网和大数据等技术，实现质量数据的采集、分析和反馈，并对产品全生命周期进行追溯，提高产品质量控制能力；五是优化资源调配与运营，通过数字化管理系统，实时监控设备状态、生产进度和资源利用情况，优化生产任务调度和资源配置，提高运营效率。

综上所述，数字化赋能航天企业能够帮助企业提高生产能力、降低成本、提升产品质量，为企业持续创新和发展提供有力支持。基于此，航天企业需要进一步地提升研制协同、设计仿真、两化融合、样机交付、虚实验证等能力，并利用统一模型加强 MBSE（基于模型的系统工程）、MBD（基于模型的定义）、数字孪生、工业互联网等新技术的融合应用。建立跨厂所的三维协同研制平台，构建发动机的数字化模型，以数字模型为基础进行研制过程数据驱动，构建数据智能体系，改善班组低效运营。通过设计、工艺、生产、装配、检验、交付的全过程业务协作协调，提升发动机研制质量和效能，实现产品研制模式的全方位数字化转型升级，以使航天企业在数字化时代中保持竞争优势。

（2）创新优化

创新优化旨在通过创新优化缩短产品开发周期，提高企业生产效率和产品质量。对于效能提升，创新优化的贡献主要体现在以下四个方面：首先，运用先进技术和工具大幅减少团队成员的重复性劳动和时间损失，提高工作效率；其次，新技术引入和方法革新助力产品设计和生产流程优化，提升产品质量；再次，鼓励团队间互动与合作，激发成员创新思维和主动精神，营造积极协作环境，进一步增强班组效能；最后，持续创新实践促使班组技术、知识和能力不断升级，增强企业市场竞争力。

总之，创新优化在班组效能提升中发挥着核心作用，不仅推动工作效率的提升、强化产品品质、促进团队合作，还能全面提高班组综合竞争力，为完成任务、提供优质产品与服务奠定坚实基础。

9.1.2 班组效能优化基础

班组效能优化方法体系的基础包括班组文化和8S管理。班组文化的核心思想是团结合作和积极进取的精神；而8S管理（包括：整理、整顿、清扫、清洁、素养、安全、节约和学习）主要通过一系列方法从工作环境到流程对每一个细节进行全面的优化。这个体系的核心在于其简明易懂，目的是全面提高班组效能。

（1）班组文化

班组成员秉持的文化观念是对提高工作效能的极度关注和自发追求。这种观念体现在他们对效能重要性的深刻认识上。一旦有了这种认识，他们就会设定明确的目标，并以此为指导，在日常工作中积极面对问题、迎接挑战并迅速完成任务。此外，优秀的班组会关注行业内的最佳实践和先进技术。他们勇于提出新观点和解决方案，不断努力提高工作的效能和质量。团队成员之间的沟通和合作也非常重要。通过共享资源和经验，他们能够激发创新思维，从而增强整个团队的工作效率。班组文化的展现不仅促进了团队成员之间的协作，还提升了作业的效率和品质。这最终将带来卓越的工作成果。

（2）8S管理

8S管理体系，源自日本的管理方法，专注于对制造业班组工作中的关键要素（人员、设备、物料、工艺和环境）实行一体化管理。鉴于航天行业对安全、质量和创新性的严格要求，该体系在原有5要素的基础上新增了“安全”“节约”和“学习”三大要素，进而形成了8大核心理念：整理、整顿、清扫、清洁、素养、安全、节约和学习。这一管理框架立足于生产现场的管理实践，通过合理规划、有效组织、协调安排以及控制监督生产要素，旨在高效利用资源，减少浪费，降低成本，提升工作效率与安全性，确保产品质量。同时，8S管理被视为目视化管理的重要组成部分。它通过清晰直观的视觉信息传递，提高了班组工作流程的透明度，促进了关键生产信息的交流，从而有效提升了生产效能。

班组文化与8S管理之间存在着密切的联系。通过培养和增强班组文化，可以有效推动8S管理的执行；反之，8S管理的深入实施也有助于加强班组文化的塑造。这两者相辅相成，共同促进班组工作效率与质量的提升，进而实现工作的高效率和高质量表现。因此，班组文化与 8S 管理相互作用，相互补充，为班组的持续发展和进步提供坚实的支持和助力。

9.1.3　班组效能优化方法

班组效能优化方法主要涉及自动化、持续作业和多能工 3 方面的内容。

（1）自动化

它能够替代人类的体力劳动并辅助脑力劳动，促进制造系统在协调、管理、控制及优化方面的效能提升。通过自动化，可以有效地缩短产品制造周期，降低成本，同时提升生产效率。自动化技术覆盖了产品生命周期的每一个环节。特别是在航天企业中，由于生产特点倾向于多品种小批量生产，大型设备往往不适宜小批量生产需求，容易造成在制品积压。因此，设备的小型化成为一种必然的趋势，其重点在于确保产品质量的稳定性、低故障率以及易于维护性。

（2）持续作业

它是指在一段时间内不间断地执行工作或任务。这种作业通常涉及大量标准作业，同时将非标准作业分配给专门人员以保持工作的连续性和效率。标准作业是持续作业的核心。通过应用现场改善 IE（工业工程）技术，可以进一步优化持续作业流程，而合理的设施布局则是确保持续作业顺利进行的关键条件。

（3）多能工

它指的是那些在工作中能够操作两种及以上工种、工序或设备的人员，并且他们能够独立完成任务或与其他员工协作。多能工的培训旨在适应多岗位和多技能的需求，及时满足岗位分配，从而提高生产效率并减少人力需求。此外，这种培训还能帮助应对可能出现的各种意外情况。在单元生产方式下，多能工扮演着至关重要的角色。他们不仅要熟悉所有产品的工艺流程，还要根据要求承担不同的工作内容。多能工的价值体现在多个方面，包括维持稳定的劳动力水平、解决紧急情况下的人员短缺问题、应对突发事件、增强生产的灵活性以及提升企业的整体生产技术水平。

综上所述，通过自动化、持续作业以及多能工培养等措施，可以提高生产效率，减少非价值创造时间，促进班组间和工序间的有效协调，以提高整体班组的效能。

9.2　班组效能优化目标

班组效能优化方法体系的目标是达成目标、降低成本、增强弹性、减少等待和提升质量。这就需要企业建立一套综合效能提升方法体系。该体系着重于降低成本、增强作业弹性以及缩短等待时间。具体而言，该体系应包括以下几个方面：一是因地制宜地提出改进策略与举措，促进团队成员间的协作与沟通，从而提高任务分配的效率；二是积极推行精益生产理念和实践方法，减少冗余和无效环节，降低资源消耗；三是增强班组成员的适应性和变革能力，提高班组的整体适应性与工作流程的灵活性；四是减少等待时间，提高工作效率和整体生产力，可以通过优化工作流程、合理分配任务和生产资源来实现；五是建立标准化的操作流程，强化技能培训，并严格执行质量控制与检查，建立有效的反馈机制，以全面提升生产质量。

9.3　班组效能优化原则

要提高班组效能，班组运营系统需要遵循少人化和组织韧性的准则。少人化帮助我们在需求波动时灵活调整人力，降低成本。而组织韧性则通过智能化技术的应用，使得班组能够适应快速变化的需求，通过学习和调整来克服困难，保证生产任务的完成。这两种方式的结合，可以使班组在面对挑战时更加灵活、高效地工作，从而提高整体效能。

（1）少人化

生产量的波动促使企业需要采取灵活调整生产线人员的策略，以减少劳动成本及整体生产成本。实施精简人力的关键在于合理布局设备，以适应需求下降时的工时缩短，进而减少员工数量。在此过程中，员工需要适应工作内容、范畴和步骤等方面的多样化调整。因此，员工必须培养多项技能，转型为具有多项技能的“全能型”人才。

（2）组织韧性

在智能制造的背景下，制造业通过人工智能、虚拟现实/增强现实、云计算和数字孪生等技术的赋能，实现了按需组合、快速扩展、即插即用和维护简单的功能。在智能制造系统中，生产功能模块能够解耦、组合和集成，以适应产品敏捷开发和生产工艺流程的灵活性。这有助于快速响应需求变化。组织韧性的目标是使班组能够通过学习和调整来克服困难，并达到生产任务和质量预期的目标。

总之，通过少人化和组织韧性准则的实施，我们可以使班组更易于适应快速变化的市场环境，实现更高效的生产和更好的质量控制，从而提高企业的竞争力。

第 10 章　班组 8S 管理实践

10.1　8S 管理概述

10.1.1　8S 管理的起源和发展

8S 管理源于 5S 管理。20 世纪 50 年代，5S 管理由丰田汽车公司首次提出并实施。5S 这一说法来自日语罗马拼音单词整理（SEIRI）、整顿（SEITON）、清扫（SEISO）、清洁（SEIKETSU）、素养（SHITSUKE）这五个单词的字母“S”。5S 管理是对生产现场的人员、机器、材料、方法等生产要素进行有效管理，其初衷是创造一个整洁、有序、安全的工作环境，提高工作效率和产品质量。

在丰田公司的倡导和推行下，5S 管理对于改善现场、降低成本、准时交货、高度标准化、塑造企业形象等方面都发挥了巨大作用，逐渐被全球学界和业界所认知。随着全球经济一体化进程的加速，5S 管理模式日益成为制造业管理的核心策略。面对企业发展的现实需求，一些公司对传统的 5S 模式进行了创新。他们增添了安全（SAFETY），要素，从而演变为 6S 体系。更进一步，有企业融入了节约（SAVE）和学习（STUDY）要素，构建了 8S 管理模式。

在航天领域，8S 管理显现出了其不可或缺的价值。该模式不仅促进了工作环境的整洁有序与安全性，提升了工作效率与产出品质，还降低了差错与风险。此外，它还进一步增强了员工的团队协作意识、责任感和自律性，有效提高了企业的综合管理能力与市场竞争力。在这样一个对安全质量要求极高的行业中，严格执行 8S 管理对于保障任务顺利完成和企业的持续发展具有决定性作用。

综上所述，作为 5S 的进阶版本，8S 管理不断演进以适应时代的变迁和企业的需求。它已成长为现代企业管理体系中的一个关键且不可替代的组成部分，尤其是在航天企业管理中占据着至关重要的地位。

10.1.2　8S 管理的含义和目的

（1）整理（SEIRI）

含义：将工作区域内的物品分为必要的和非必要的，保留必要的物品，移除或处理非必要的物品。

目的：腾出空间，提高工作效率，减少寻找物品的时间，提高工作质量。

要点：识别并清理不需要的物品，合理规划工作区域，使每件物品都有其指定的存放位置，如表 10 - 1 所示。

表 10－1 物品区分的基准及处理方式

使用程度	使用频率	处理方法
低(非必需品)	一年都没使用过的物品	集中储存、报废、变卖
	一年或两个月以上使用一次的物品	暂时存放仓库或摆置物架上
中(必需品)	一个月使用一次物品	工作现场集中摆放
	一个星期使用一次的物品	
高(必需品)	三天使用一次的物品	放在工作现场或随身带
	一天使用一次的物品	
	每小时有需要使用的物品	

(2) 整顿（SEITON）

含义：将必要的物品按照规定的位置和方式摆放整齐，并加以标识。

目的：使工作区域一目了然，实现三易（易取、易拿、易放），消除“寻找”，提高工作效率，减少误操作。缩短寻找物品的时间，提高工作效率；营造整齐有序的工作环境。

要点：全面清查工作场所的所有物品；明确判断标准，果断清理不需要的物品；注意要防止不需要物品的再次混入；进行定位置管理，明确标识物品位置；按照使用频率等合理布局，如图 10－1 和图 10－2 所示。

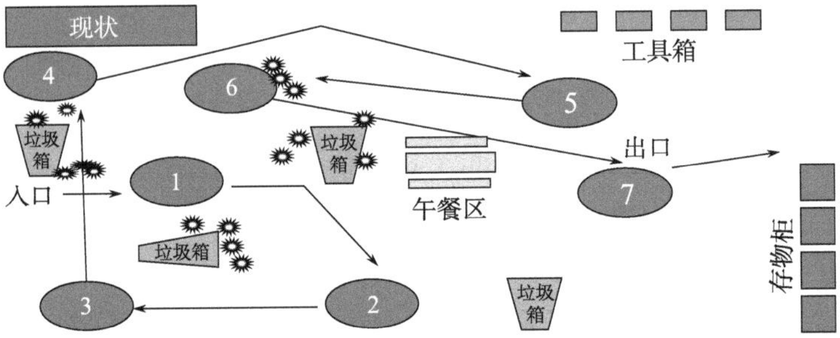

图 10－1 整顿前

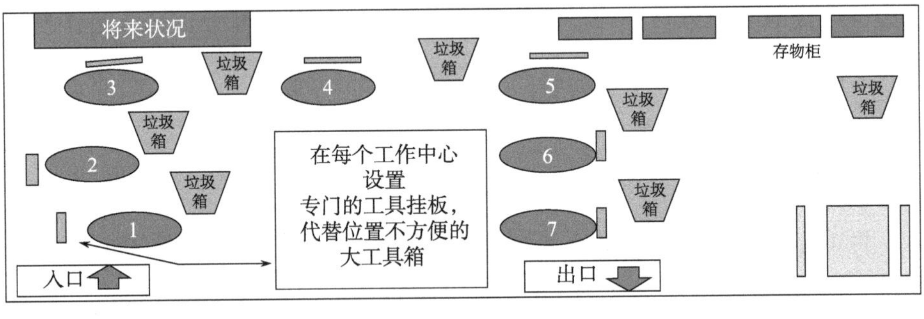

图 10－2 整顿后

（3）清扫（SEISO）

含义：将工作区域的地面、墙壁、桌面和设备等地方清洁干净，保持工作区域的整洁。

目的：减少污染源，提高工作效率，保障员工健康。

要点：全方位清洁，不留死角，定期清理设备内部和周边环境；建立清扫责任区，执行例行扫除，清理脏污；调查污染源，予以杜绝；建立清扫基准，作为规范。

（4）清洁（SEIKETSU）

含义：将整理、整顿、清扫进行到底，并形成制度化，持续保持工作区域的整洁和美观。

目的：营造舒适的工作环境，提高员工的工作满意度和效率；巩固管理成效，形成良好的工作习惯。

要点：持续推进，制度化管理，定期检查和评估效果；建立完善的监督检查制度；持续改进清洁标准和方法；将清洁要求纳入日常管理。

（5）素养（SHITSUKE）

含义：每位员工都要有良好的行为举止和礼貌，遵守规则和规定，发扬优良的职业道德，严格遵守公司各项保密约定与规章，谨防泄露公司机密。

目的：提高员工整体素质，营造团结协作的工作氛围。维护公司以及客户、员工等相关方的合法权益，保障公司核心竞争力。

要点：加强员工培训与教育，培养员工的自律精神，鼓励员工积极参与决策和管理。此外，制定保密政策和流程，与相关人员签订保密协议。

（6）安全（SAFETY）

含义：重视员工安全教育，确保员工的人身安全和财产安全。

目的：确保工作场所零事故，维护员工生命安全及企业资产免受损失，为员工提供安全的作业环境。

要点：进行全面的安全风险评估；加强员工安全培训和教育；建立安全应急预案。

（7）节约（SAVE）

含义：合理利用时间、空间、能源等资源，减少浪费，发挥企业最大效能。

目的：节省资源，减少浪费，创造高效率、物尽其用的工作场所；降低成本，提高企业经济效益；培养员工的节约意识。

要点：消除空间上的浪费，合理的能源或资源使用标准，对水、电、物料等资源进行精细化管理；优化工作流程，减少不必要的损耗；鼓励员工提出节约建议。

（8）学习（STUDY）

含义：学习无止境，无边界，工作中学习，学习后工作。

目的：使企业得到持续改善、培养学习型组织；提升员工素质，适应企业发展需求；营造积极向上的学习氛围。

要点：根据公司的经营目标，建立培训，学习的短、中、长期相结合的计划，培养学习的良好风气；提供丰富的学习资源和培训机会；建立学习成果分享机制。

8S 管理的含义、目的与要点，可以汇总如表 10－2 所示。

表 10－2　8S 管理的含义、目的与要点

8S	含义	目的	要点
整理 (SEIRI)	将工作场所的任何物品区分为有必要保留和没有必要保留，除了有必要保留的留下来，其他的都消除掉	腾出空间，空间活用，防止误用，塑造清爽的工作场所	清理非必需品，保留必需品
整顿 (SEITON)	把留下来的必要用的物品依规定位置摆放，并放置整齐加以标识	工作场所一目了然，消除寻找物品的时间，创造整整齐齐的工作环境，消除过多的积压物品	标识明确，摆放有序，定置管理
清扫 (SEISO)	将工作场所内看得见与看不见的地方清扫干净，保持工作场所干净、亮丽的环境	稳定品质，减少工业伤害	全方位清洁，不留死角，保持干净整洁
清洁 (SEIKETSU)	将整理、整顿、清扫进行到底，并且制度化，经常保持环境处在美观的状态	培养员工良好的习惯，营造团队精神	持续推进，制度化管理，保持美观整洁
素养 (SHITSUKE)	每位成员养成良好的习惯，并遵守规则做事，培养积极主动的精神(也称习惯性)	培养员工良好习惯、遵守规则的意识，保守航天秘密，提升员工的整体素质	培养员工自律精神，遵守规则，保守秘密，谨防泄露公司机密
安全 (SAFETY)	重视成员安全教育，每时每刻都有安全第一观念，防患于未然	提高员工的安全意识，确保生产安全	提供安全培训和指导，落实安全措施和规章制度
节约 (SAVE)	合理利用时间、空间、能源等生产资源，企业高效生产运营	提高生产效率，减少成本，提高质量	合理利用资源，高效工作
学习 (STUDY)	在各个领域中，使用各种方式，掌握未知的某些方面的专业知识	热爱学习，改善创新	制定学习计划，建立考核奖励

10.2　8S 之间的关联

8S 管理的各个“S”相互依存、相互促进，共同构成一个有机的整体。只有全面、系统地推行 8S 管理，才能实现工作场所的高效、安全、优质和可持续发展。然而，在实际推行过程中，很多人却常常混淆“整理”与“整顿”和“清扫”与“清洁”等概念。实际上，它们虽然有相似之处，但侧重点和实施方法都有所不同。理解和正确区分这些概念对于有效推行 8S 管理至关重要。只有明确每个“S”的内涵和要求，并将它们有机地结合起来，才能真正实现工作场所的优化和提升。为了了解 8S 之间的关联，可以参考图 10－3 对 8S 进行区分。

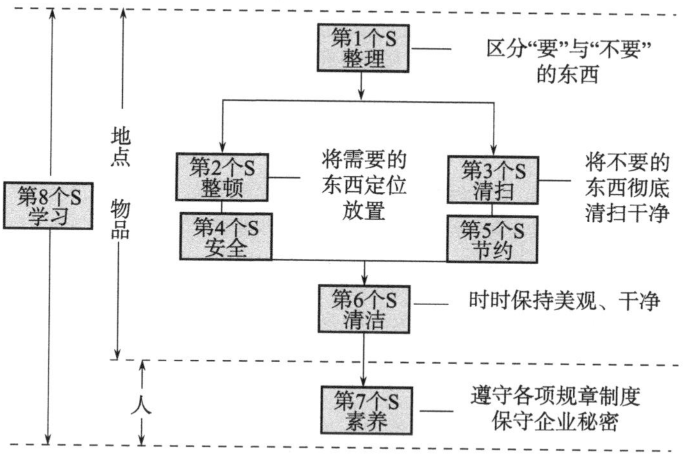

图 10－3　8S 之间的关联图

10.3　典型案例——航天企业班组 8S 管理实践

为了提高工作效率、保障科研生产安全、提升质量管理水平，航天企业积极引入 8S 管理方法，旨在通过推行 8S 管理，打造整洁、有序、安全、高效的工作环境，提升员工素养和综合能力，促进企业持续发展和创新。

10.3.1　制定计划与目标

在实施 8S 管理之前，需要制定详细的计划和目标，明确实施的时间、内容、责任人以及目标，参见表 10－3。同时，对企业内的科研生产现场进行全面调查和分析，了解现状和存在的问题，为后续的 8S 管理提供依据。

表 10－3　制定 8S 管理的计划与目标

时间安排	明确 8S 管理的分阶段实施时间：试点阶段、推广阶段、制度深化阶段、维持改善阶段
内容与责任人	制定具体的 8S 管理内容和责任人：包括整理、整顿、清扫、清洁、素养、安全、节约、学习等方面的具体任务和负责人
目标	明确 8S 管理的预期目标：整理、整顿，减少浪费；清洁、清扫，提高素养；工作缺陷为零；重大安全事故为零；重大质量事故率为零；员工持续学习，文明、礼貌，保守企业秘密
资源安排	确定需要的资源：如人力、物力、财力等，并制定相应的预算和安排

10.3.2　宣传与培训

在实施 8S 管理之前，通过宣传栏、内部网站、培训讲座等方式进行宣传和培训，让员工了解 8S 管理的意义和作用，提高员工的认识和参与度。宣传培训内容参见表 10－4，表 10－5 与表 10－6 所示。

表 10－4　宣传与培训的内容

8S管理的基本概念与意义	向员工详细解释8S管理法的核心理念、起源和发展过程，探讨8S管理法在实际操作中的广泛应用，让员工充分理解其价值
整理与整顿的方法与技巧	教授员工如何对物品进行分类、分拣和处理，合理安排物品的摆放位置等
清扫、清洁与节约的实践与注意事项	讲解清扫、清洁和节约的基本方法和注意事项
素养、安全与学习的培养与实践	对员工培训重视素质与安全意识的灌输，并向其传授具体的学习路径与实践策略，引导员工深入理解并恪守安全准则，以及掌握提升工作效能的有效方法
实际操作与案例分析	通过实际操作和案例分析，让员工更好地理解和掌握8S管理的应用方法和技巧

表 10－5　宣传部分

宣传栏	设计一系列8S管理主题的宣传海报，每月更新，内容包括8S的各个要素解读、实施前后对比案例等 开辟8S管理成果展示专区，定期展示各部门的优秀实践成果
内部网站	在公司内部网站首页设置8S管理专题板块，发布8S管理的知识文章、视频教程、实施动态等 建立员工交流论坛，鼓励员工分享对8S管理的理解和实践经验

表 10－6　培训部分

培训讲座	每月至少举办一次8S管理大型培训讲座，邀请外部专家或内部资深人员进行授课 讲座内容包括8S管理的深度剖析、与航天企业的结合应用、成功案例分享等
部门内训	各部门负责人组织每月不少于2小时的部门内8S管理培训，结合部门实际情况进行针对性讲解和讨论
线上课程	制作8S管理线上培训课程，包含视频讲解、互动测试等，方便员工随时学习
实践演练	定期组织现场8S管理实践演练活动，如整理整顿比赛、清扫清洁挑战等，增强员工的实际操作能力
培训考核	每季度对员工进行8S管理知识考核，与绩效挂钩，确保培训效果

10.3.3　整理与整顿

在整理和整顿阶段，对科研生产现场的物品进行分类、分拣和处理，将不需要的物品清除掉，留下必要的物品。同时，对现场进行规范化管理，合理安排物品的摆放位置，使其看起来整洁有序。参见表10－7、表10－8所示。

表 10－7　整理工作的内容

分类与分拣	对现场物品进行分类和分拣，将不需要的物品清除掉，留下必要的物品
标识与标识管理	对留下的物品进行标识，明确名称、数量、规格等信息，并建立标识管理系统，以便快速查找和跟踪
合理布局	根据工作需要和安全要求，合理规划现场布局，确保工作区域划分合理、通道畅通、安全出口明确
规范堆放	根据物品的属性、用途和特点，采用合适的堆放方式，如直立、平放、倾斜等，以节省空间、方便取用

表 10-8　整顿工作的内容

定制管理	根据工作需要和员工习惯，定制工作台、工具柜、物料架等设施，以便于物品的存放和使用
规范操作	制定各项工作的操作规范和流程，明确工作步骤和操作要求，以提高工作效率和质量
标准化作业	制定各项工作的标准作业流程和操作规程，明确各项工作的标准要求和操作规范，以提高工作效率和质量
定期检查	定期对现场的整理和整顿情况进行检查和评估，发现问题及时整改，确保现场整洁有序

10.3.4　清扫、清洁与节约

在清扫和清洁阶段，对科研生产现场进行全面清洁和消毒，保持现场的整洁和卫生。同时，建立清洁卫生制度，定期进行清洁和检查，确保现场始终保持整洁状态。参见表 10-9、表 10-10 与表 10-11 所示。

表 10-9　清扫工作的内容

清洁地面	采取恰当的清扫器械与消毒剂，对地表实施彻底的清理与杀菌，以保障其表面的卫生与清洁
清洁设备	定期对各类设备与工具进行彻底的清洗与养护，保障其效能与延长其使用寿命
清洁工作台面	工作台应按时清理整齐，维持一个井然有序的操作环境
清洁周围环境	对作业现场周边区域进行定期的清扫与整顿，包括拾捡废弃物、擦拭玻璃门窗等，以保持环境整洁

表 10-10　清洁工作的内容

制定清洁卫生制度	明确清洁卫生标准和要求，制定清洁卫生制度
定期清洁	根据清洁卫生制度，定期进行清洁和检查，确保现场始终保持整洁状态
检查与评估	定期对现场的清洁情况进行检查和评估，发现问题及时整改，确保现场整洁有序

表 10-11　节约工作的内容

消除空间上的浪费	不断地整理、整顿和检查，清除不需要的物品，重新检讨空间布置的合理性，消除空间上的浪费
提高工作效率	制订合理的作业标准和工作标准，严格执行，提高工作效率
合理的能源或资源使用标准	减少库存量，排除过剩生产，避免零件、半成品、成品在库过多

10.3.5　素养、安全与学习

在素养和安全阶段，注重培养员工的良好习惯和行为规范，提高员工的素质和安全意识。通过制定员工行为规范、加强安全教育等方式来达到这一目标。同时，建立健全安全制度，确保员工在工作过程中始终遵循安全规定。参见表 10-12、表 10-13 与表 10-14 所示。

表 10－12　素养工作的内容

制定员工行为规范	明确员工的行为要求和道德准则，制定员工行为规范
培养良好习惯	通过教育和引导，培养员工良好的工作习惯和生活习惯
提高职业素养	通过培训和实践，提高员工的职业素养和工作能力

表 10－13　安全工作的内容

制定安全制度	明确安全标准和要求，制定安全制度
加强安全教育	通过定期的安全教育和培训，提高员工的安全意识和安全知识水平
定期检查与评估	定期对现场的安全情况进行检查和评估，发现问题及时整改，确保现场安全有序

表 10－14　学习工作的内容

学习目标的设定	为什么而学，学习的目的应明确，要达到何种的程度
学习计划的建立	根据公司的经营目标，建立培训，学习的短、中、长期相结合的计划
按计划精心培训	建立培训学习的考核奖励，激励制度

10.3.6　制度化与标准化

随着 8S 管理实践进展，规章制度也需要被不断地更新和完善，并定期审查规章制度的有效性和适用性。持续开展 8S 管理培训和宣传活动。建立 8S 管理标准化体系。参见表 10－15。

表 10－15　制度化与标准化工作内容

制定规章制度	确立详尽的规章制度及行为准则，对各项工作流程和执行标准进行清晰界定。编制 8S 管理指南及规章集成手册等文献资料，以便工作人员随时查阅并遵循
培训与执行	通过不断地举办内外部培训及经验分享活动，深入推广 8S 管理理念，有效提升员工对于 8S 的认识及操作技能，促使他们熟知并遵循公司各项规章制度。此外，还应当着力加强监管和执行效力，以保障各项规章得到切实执行
定期审查与更新	定期审查规章制度的有效性和适用性，及时更新和完善规章制度以适应新的管理需求和发展要求
建立 8S 管理标准化体系	根据 8S 管理实践情况和发展需要，建立完善的标准化体系，包括工作标准、管理标准和技术标准等。通过推行标准化管理提高工作效率和质量水平，同时方便对 8S 管理实践的监督和考核

10.3.7　监督与考核

制定考核标准、定期考核以及奖惩机制，参见表 10－16。

表 10－16　监督与考核工作内容

制定考核标准	根据 8S 管理的要求，制定具体的考核标准和评分细则
定期考核	定期对各部门、班组进行 8S 管理的考核，了解 8S 管理的执行情况，发现问题并及时纠正
奖惩机制	建立健全相应的奖惩机制，激励员工积极参与 8S 管理实践

10.3.8　持续监督与改进

通过总结经验教训、创新管理方法、推广与应用、加强监督与执行、定期审计等措施，实现持续改进。参见表 10－17。

表 10－17　持续监督与改进的措施

总结经验教训	定期总结 8S 管理的经验教训,发现和改进存在的问题
创新管理方法	根据实际情况和需要,不断探索和创新 8S 管理的方法和措施,提高管理水平和效率
推广与应用	将成功的 8S 管理经验在其他部门中推广和应用,实现全面提升
加强监督与执行	加强对 8S 管理的监督和执行力度,确保各项措施得到有效地执行和落实,保证 8S 管理的顺利实施
定期审计	定期对 8S 管理进行审计,了解管理现状和改进情况,为持续改进提供依据和支持

10.3.9　实践成效

1）工作现场的巨大变化不仅提升了视觉效果，更重要的是带来了实际操作的便利性。区域明确使员工能快速找到所需物品或到达特定工作区域，减少了时间浪费；通道畅通确保了人员和物资的高效流转，避免因拥堵造成的延误和潜在危险；清晰的标识有助于新员工快速熟悉环境，也降低了误操作的可能性，为科研生产工作的顺利开展提供了良好的物理基础。

2）文件、资料等物品的有序摆放和清晰标识，使得员工在查找和使用时更加便捷高效。不再需要在翻找文件上花费大量时间，也避免了因资料混乱而产生的错误，工作质量得以提升。整齐有序的工具柜架能确保工具随时处于可用状态，减少了因工具缺失或损坏导致的工作中断。

3）通过整改各类安全隐患，为员工创造了更安全的工作环境。安全防范意识的提高，使员工在日常工作中更加注重安全细节并主动遵守安全规定。这对于航天企业这种高风险行业来说至关重要，有效降低了事故发生的概率，为实现杜绝重大事故的目标提供了坚实保障。

4）资产的盘活使闲置或低效利用的资产得到重新利用，发挥出更大价值，为企业创造更多效益。空间的高效利用缓解了空间紧张的问题，能更好地布局工作区域和设施。效益效能的提升体现在成本的降低和产出的增加上，使企业在市场竞争中更具优势。

5）对于企业秘密的保守也起到了积极作用。在整洁有序的工作环境中，文件、资料等的分类存放和明确标识，使得重要的机密信息能够得到更好的管理和保护。清晰的区域划分和严格的物品放置规定，减少了无关人员接触到机密资料的机会，降低了机密信息泄露的风险。同时，员工素养的提升也促使他们更加自觉地遵守保密制度，对涉及企业秘密的事项保持高度的警惕性和责任感。例如，在研发部门，关键技术资料被妥善存放在特定区域，只有授权人员可以进入和查阅，有效防止了企业核心秘密的外流，为企业的技术创新和竞争优势提供了有力的保障。

第11章　班组多能工实践

为应对传统制造流程中的生产不平衡问题，航天企业应采纳“连续作业”的生产模式。这是因为在传统生产模式下员工往往只专精于单一设备，导致某些设备（如A设备）的操作人员处于闲置状态，而其他设备（如B设备）的操作人员则超负荷工作。针对此现象，航天企业需培育具备跨设备操作技能的复合型人才，以此达到生产节奏的优化与平衡。同时，这种人才培养机制也能使管理层灵活调整人员配置，以适应人员规模的变动。采纳连续作业模式及培养复合型人才，将有效提升航天企业效能，促进生产均衡。

11.1　多能工概述

11.1.1　多能工的含义

多能工是相对于只能操作一种工序作业的单能工而言的，是指在工作中能熟练操作两种或两种以上的工种、工序或设备，能独立完成或协作其他员工完成有关作业的员工。多能工可以是具备局部多个工序操作能力的多能工，也可以是具备能独立完成所有工序操作能力的多能工（全能工）。简而言之，多能工就是指具备多个工序独立工作能力或多种设备操作技能的作业人员。在具体实践中，多能工也被概括为“一人多能”“一人多岗”“一岗多能”“一岗多人”等名词术语。

对于少人化、多工序以及小批量、多批次、多品类或变批次、变品类的场景适合采用多能工的生产模式。多能工的生产模式能够提高企业生产柔性，提升企业整体生产技术水平，能灵活应对突发事件，解决紧急生产中人员不足的问题，帮助企业保持稳定的劳动力水平，确保生产作业的正常进行。同时，多能工的灵活生产方式，也为员工提供了学习新知识和提升技能的有效通道。

11.1.2　多能工的典型方式

航天产业作为国家战略的核心领域，其制造企业兼具高度的复杂性及技术密集性特点。对于这些企业而言，效能的增强是其核心追求，而其中关键之处则在于巧妙地权衡效率与成本、质量与安全的多重关系。在这一过程中，企业必须不懈探索，通过实践来探寻最契合自身的多元化操作模式。在实践中，多能工的典型方式主要分为三类，如图11-1所示。

（1）多人分隔式

在分隔式生产模式中，各具备至少两项专长的多技能操作员互相支持，共同投身于自原料至成品的整个生产流程，各自精专于所擅长的工作环节。此种协同作业机制不仅能缩短生产周期，还能显著提升作业效率，令每位操作员在其负责的岗位上表现得更加精湛与

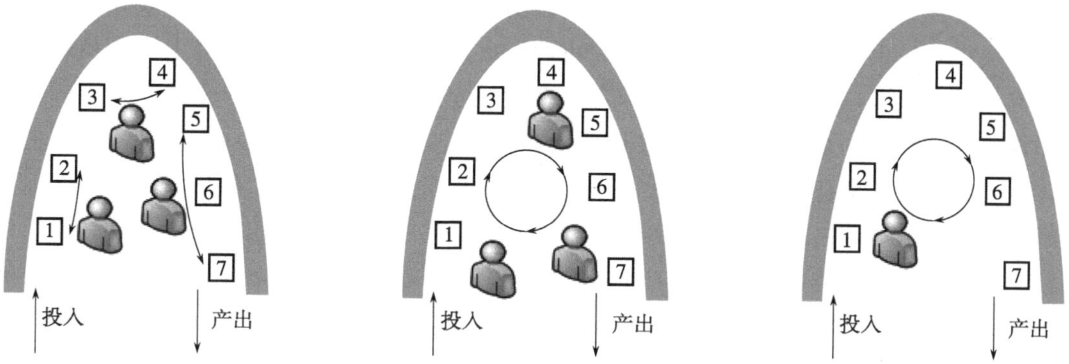

图 11－1 多能工的典型方式

高效。同时，还能有效降低因操作员个体差异引起的误差与质量问题，进一步确保产品质量的一致性与稳定性。综上所述，分隔式生产方式实为一种既提升作业速率，又确保产品质量的双重效益生产策略。

（2）多人循环式

在循环协作的生产模式中，众多技能全面的操作员并肩作战，无须划定各自的职责界限。他们各自必须独立完成产品在整个生命周期的工作，这意味着员工要掌握各式各样的技能，以便在不同的作业阶段游刃有余。尽管此法的效率不算最高，但其灵活性和团队成员间的互补性却是其独特优势，有效减少了合作过程中的时间损耗和错误传递。因此，这种多人循环生产模式对于那些需要迅速适应多变生产环境的企业而言，不失为一种优秀的选择。

（3）单人循环式

单人循环制作为一种生产模式，其特点是仅由一名具备多项技能的工人独立完成产品的整个生产流程。此类模式主要适宜于那些工序简易、操作独立的生产环节，这些环节无须多人配合，单兵作战即可。在这样的生产模式下，员工能将注意力更集中于手头工作，有效避免了团队协作中可能出现的干扰与失误。采用单人循环制，不仅有助于提升工人的工作专注度及生产效率，同时也便于企业对生产流程实施精准的控制与管理。在处理简单且独立的工序时，单人循环制无疑是一种行之有效的生产策略。

综上所述，航天企业需要根据不同的工作环节和任务的复杂度选择适合的生产方式，在确保产品的质量和安全性的同时提高生产效率、降低成本。在实际应用中，企业还需要综合考虑生产效率、成本、产品质量、工人技能等各种因素，以选择最适合自己的生产方式。同时，企业也需要不断探索和创新，不断完善和优化多能工方式，以适应不断变化的市场需求和技术发展。

11.2 多能工作用

11.2.1 提高员工工作热情和整体协作水平

多能工机制，即员工具备跨岗位的技能和能力，使得他们能够在不同岗位间灵活轮换与协作。多能工机制的主要优势在于激发员工的工作积极性以及提升其工作效率，为员工的职业成长开辟更加宽广的天地。借助此机制，员工不仅可以在专业技能上有所精进，也能在其他相关领域拓宽技能边界，此举不仅促进企业生产效率的提升，也加强了团队间的协作能力。在航天领域，这种机制显得尤为重要。鉴于航天制造业的复杂性和技术密集性，企业对员工的责任感和专业素质提出了严苛的要求。通过多能工的培养，员工能深刻理解并熟练掌握航天制造流程中的各个细节，以更高的标准完成本职工作。此外，该机制还鼓励员工提升创新能力，敢于在日常工作中尝试新方法和新技术，为企业的可持续发展带来新的活力。

11.2.2 提高员工劳动技能和综合生产能力

班组多能工培训计划是以班组长或培训师为中心，通过实操演练和经验交流的方式，对技能与知识进行传承。该项目不仅致力于提升员工的个人技能，更着重于促进团队成员间的相互协作与知识互通。参与者不仅深入学习自身岗位的操作要领，还能熟悉其他岗位的工作流程和标准，使工作执行更为从容。通过这种综合性的培训，员工能熟练掌握不同岗位技能，为班组的岗位灵活调配及协作提供支持，进而全面提升班组员工的职业技能与综合产能，成为推动班组精细化管理的关键途径。企业通过持续优化这一培训计划，能够孕育出技能水平高、综合素质强的员工团队，为企业的长远发展打下坚实基础。对航天制造行业来说，采用班组多能工培训模式，不仅能提升生产效率和质量水平，还能有效降低成本，增强企业的市场竞争力。

11.2.3 促进岗位分配优化和降低生产成本

员工们经过专业化培训后掌握跨岗位的操作技巧，便可以在不同的工作岗位上施展才能。企业通过这些多能工的人力资源优化配置，不仅能灵活应对生产需求的波动，还避免了人力资源的闲置。更重要的是，这些多能工技术娴熟，在操作过程中显著降低错误和废品率，有效减少生产损耗，优化成本控制并提升产品质量。在生产流程中，他们能迅速补位，消除因员工缺勤或岗位调整带来的工作进度延误。这样的灵活性可以使企业面对突发状况及生产变动时，确保生产任务稳步推进。通过多能工的培养，航天企业不仅向少人化的生产模式迈进，实现成本下降与效率提升的目标，同时也为企业的持续发展奠定坚实基础。在未来的市场竞争中，多能工将成为航天企业的重要竞争力，助力企业在激烈的市场环境中脱颖而出。

11.2.4 增强班组应变能力和班组正常运转

通过多能工培训，班组员工不仅能够熟练掌握本岗位的技能，还能够掌握其他相关岗位的技能，从而具备了跨岗位工作的能力，并使得员工在面对复杂的生产环境和多变的生产需求时，能够更加自如地进行应对。无论是工序调整、人员变动，还是突发情况，多能工都能凭借其丰富的技能储备和经验，迅速适应并确保生产的顺利进行。这种灵活性不仅提高了班组在研发和生产过程中的应变能力，也增强了整个企业的抗风险能力。当面临人员流动或订单量突然增加的情况时，多能工能够迅速填补岗位空缺，确保生产的连贯性和效率。对航天企业而言，多能工培训不仅提高了员工的技能水平和综合素质，还增强了企业的应变能力和竞争力。在未来的发展中，航天企业应持续优化多能工培训体系，培养更多具备跨岗位能力的多能工，以适应不断变化的市场需求和技术革新。

11.3　班组多能工培训

11.3.1　多能工培训内容及步骤

在班组内组织多能工培训的目的是适应多岗位或多技能的相互补充和及时顶岗的需要，实现少人化的柔性生产并提高生产效率，更好地应对实际生产工作中可能遇到的各种意外情况。

（1）多能工培训内容

班组多能工培训的内容要根据班组内的实际生产情况而定，一般是针对班组的不同岗位、工序和设备等对班组员工进行培训，使其能熟练完成班组内的各种作业和掌握满足多个岗位需求的技能，做到一人多岗、一岗多能。在保证质量、产量及工作效率的前提下，每个班组员工都能够独立操作两个及以上岗位或工序。经过多能工培训后，只有通过考核和认证的班组员工，才能称之为多能工。多能工培训内容等级如表 11－1 所示。

表 11－1　多能工培训内容等级识别标准

培训等级	培训等级识别标准
一级	熟练掌握两种类型的岗位操作，识别两种类型岗位使用的物料，掌握岗位工艺、品质、设备要求，操作熟练，达到效率要求
二级	熟练掌握三种类型的岗位操作，识别三种类型岗位使用的物料，掌握岗位工艺、品质、设备要求，操作熟练，达到效率要求
三级	熟练掌握四种类型的岗位操作（含一个关键岗位操作），识别四种类型岗位使用的物料，掌握岗位工艺、品质、设备要求，操作熟练，达到效率要求
四级	熟练掌握五种类型的岗位操作（含两个关键岗位操作），识别五种类型岗位使用的物料，掌握岗位工艺、品质、设备要求，操作熟练，达到效率要求
五级	熟练掌握六种类型的岗位操作（含三个关键岗位操作），识别六种类型岗位使用的物料，掌握岗位工艺、品质、设备要求，操作熟练，达到效率要求

（2）多能工培训的步骤

多能工培训的具体推行步骤[27]，如表 11－2 所示。

表 11－2　多能工培训的步骤

步骤	具体内容
1）确定培养对象	从各岗位的作业人员总选择多能工化推进对象，即受培训的员工，并对其进行分组
2）考察培养对象	根据建立的评估机制评估被选员工的综合素质和知识技能水平，考察其工作态度和积极性

续表

步骤	具体内容
3)制订培养计划	制订《多能工评价表》或者《多能工目标计划表》,为每位员工设定目标,制订学习周期,制作合理的多能工化日程表
4)培训理论知识	班组长结合作业指导书,向员工讲解操作内容和工具,以及关键工序的重要步骤、技巧和要求,强调操作过程中的注意事项,并进行理论考试
5)实施岗位操作	安排员工进行机型操作,要注意加深员工对作业标准及作业顺序的理解,和员工一起进行实际操作,提高作业准确性及作业顺序标准化
6)建立激励体系	建立与多能工评价体系配套的薪酬激励体系,如评选年度多能工明星,在多种场合,公布多能工培养进度,提高员工工作热情和积极性
7)技能考核	在员工参加多能工培训一段时间后,如果没有异常情况,就可以依照多能工评价表进行评价,以及采用技能鉴定认证考试等方式对员工进行多能工资格认证
8)颁发资格认证书	对于考试合格者,班组长记录其考试成绩,交由上级领导审核。通过后,就可以为该员工颁发相应岗位的多能工资格认证,并先由班组长公示认证结果,再由相关部门发文公示认证结果

在实施岗位操作培训的过程中,还可以通过工作岗位轮换制进行多能工的培训[27],让每个员工都能掌握多种工序的作业,同时还可以提高员工的换位思考意识。工作岗位轮换制的 3 个阶段如表 11－3 所示。

表 11－3　工作岗位轮换制度的三个阶段

阶段	方法
第一阶段:现场管理人员轮换	1)班组长必须作为多能工亲自示范 2)现场管理人员要在其所属的各工作单位巡回换岗。例如,班组长在各组间依次轮换 3)工作岗位轮换计划要作为长期计划的一个环节来实施;其定期调动计划应由车间制订,主要考虑被调动人员的经历、意愿以及对现场工作的影响等方面的因素
第二阶段:员工组内轮换	1)每个员工在组内各种作业岗位之间定期轮换,其他关系基本不变 2)班组长制订组内定期轮换计划。具体做法是把组内所有的作业工序分割为若干个作业单位,排出多能工培育计划表,使全体员工有序地轮换进行各工序的作业,在实际操作中进行教育和训练 3)用多能工化实现率来衡量多能工的实施程度
第三阶段:工作岗位轮换	1)员工逐渐熟练操作组内所有作业后,就可以制订每天的计划,让每个员工每天多次进行岗位轮换,甚至可以每隔几个小时就能完成在组内的全部作业工序中轮换 2)轮换交替间隔期应根据具体情况而定,如对生产节拍较快的工序,交替间隔期可短一些,而对于生产节拍较慢的工序,交替间隔期就要长一些

另外,还有一种针对性很强的"多能工流水训练"训练方法。在流水线训练时,容易出现一些问题,比如员工由于不熟悉操作步骤而害怕工作失误影响其他工序,无法集中精力学习,更不敢大胆动手操作实践。为了避免和解决训练过程中员工出现这种情况,班组长需要熟悉掌握这种流水训练法,具体步骤如表 11－4 所列。

表 11－4　多能工在流水线训练时的步骤

步骤	内容
1)班组长亲自示范	班组长要亲自示范作业方法。示范过程融合模仿学习和观察学习,员工才能快速准确地掌握工作技能

续表

步骤	内容
2)说明作业流程及重点	在示范时，班组长还要对该工序作业的顺序、要点进行说明，直到受培训的班组员工掌握作业内容。最低限度要让员工明白节拍时间、作业顺序、标准用量、品质检查要求等
3)员工动手操作实践	经过示范说明之后，要安排员工亲自上线作业，班组长在旁边协助，直到其掌握为止。需要注意的是，流水线的作业不仅要求员工能熟悉单个作业，还要求他们能连贯作业，可以完全跟得上作业节拍时间
4)现场召开总结会	通过现场召开总结会，再次确认作业重点，并检查作业员工技能掌握情况，及时总结经验教训

11.3.2　多能工培养要点与实施要点

（1）多能工培养要点

多能工培养要点，见图 11－2 所示。

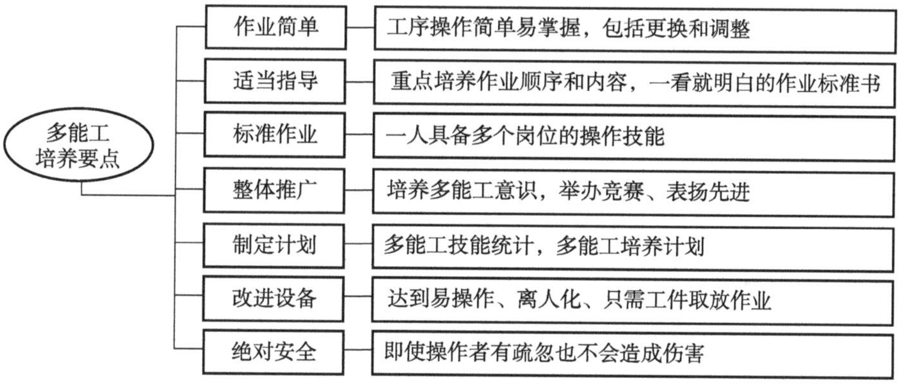

图 11－2　多能工培养要点

（2）多能工实施要点

多能工实施要点，见图 11－3 所示。

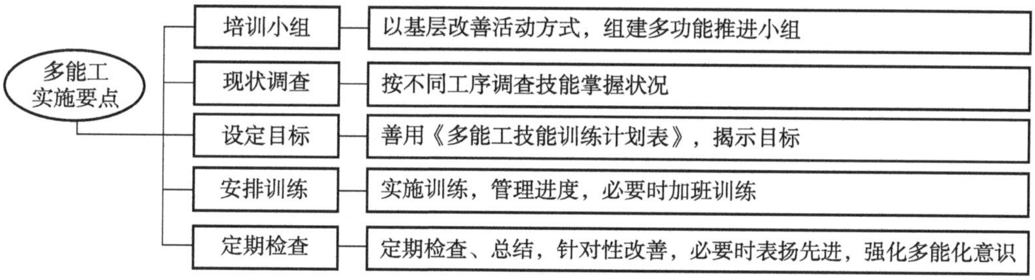

图 11－3　多能工实施要点

11.3.3　多能工技能训练计划表

通过工作分解、标准作业、技能矩阵、工作指导等方式训练多能工，通过技能训练计划表全流程检测培养多能工（表 11－5）。

表 11－5　多能工技能训练计划表（参考样式）

部门			生产班组					班组长			所长			日期		
序号	工序 / 姓名	工序 1	工序 2	工序 3	工序 4	工序 5	工序 6	工序 7	工序 8	工序 9				员工熟练岗位数		备注
														计划	实际	
1	XXX															
2	XXX															
3	XXX															
4	XXX															
5	XXX															
6	XXX															
7	XXX															
8																
9																
10																
11																
岗位熟练员工数	计划															
	实际															
进度百分比								多能工化率						⊕	不具备作业技能	
月份		1 月	2 月	3 月	4 月	5 月	6 月	7 月	8 月	9 月	10 月	11 月	12 月	◔	入门级	
计划培训人次														◑	新手级	
实际培训人次														◕	熟练级	
班组长签字														●	导师级	

上面的多能工技能训练计划表（参考样式）使用说明：

1）填写部门、生产线/班组、班组长、所长名称以及表格制定日期。培训计划一般是一年制定一次，在上年年末或当年年初制定。

2）列出此生产线或班组的所有人的姓名。

3）列出此生产线或班组的所有工序的名称。

4）岗位熟练的员工数是指当该岗位出现人员空缺时（比如请假、休假、工作调动、退休等）有足够的熟练工替补所需要的最低人数。比如工序 6 由 4 人操作，则需要有 4 个熟练工，考虑到人员缺岗则需要有 6 名熟练工。岗位熟练的员工数的上限是小组内的所有员工数，即所有人都能熟练操作本岗位。进度百分比指实际的岗位熟练员工数除以计划员工数。培训计划每月实施，完成后更新员工数量，同时更新进度百分比。

5）员工熟练的岗位数中的实际是指该员工对本生产线/班组内工序熟练操作的工序数量。员工熟练的岗位数中的计划是依据岗位熟练的员工数准备对某个员工实施年度培训岗位的数量。备注部分填写进度等滞后的原因及整改措施等。

6）年度培训计划按月展开，每月的计划培训人数及实际培训人数，每月结束时由班组长/所长确认签字。

7）多能工化率：

$$多能工化率=\frac{\sum_{i=1}^{n}[班组操作人员\ i\ 完成培训工序]}{班组内工序总数\ s\times 班组内操作人员数量\ n}$$

按操作水平，多能工分为 4 个等级：入门级、新手级、熟练级和导师级。多能工技能训练计划表中采用圆圈的 4 个象限来表示员工在某项作业上的技能水平，各个图形的具体含义如表 11 - 6 所示。

表 11 - 6　多能工技能水平及资质评定

技能水平	释义	多能工的资质评定
⊕	只具备一个岗位技能，没有接受多技能培训，不具备其他岗位作业技能	不是多能工
◔	初步接受多岗位培训，作业熟练程度不足，在作业进度、安全和质量方面不能满足要求，不能独立自主地完成作业	入门级多能工
◑	在培训指导下能完成作业，但需要监督其工作质量	新手级多能工
◕	能独立完成多岗位作业，符合作业进度、安全和质量要求，获得岗位技能证书，成为合格多能工	熟练级多能工
●	能独立完成多岗位作业，符合作业进度、安全和质量要求，而且能发现和解决本岗位的一些问题	导师级多能工

11.3.4　多能工培训的注意事项

培训多能工的过程中，需要从思想教育和观念更新方面做起，培养员工的忧患意识和竞争意识。此外，还应注意以下几个方面：

1）设备和作业标准化：确保员工操作的机械设备和作业方法都进行标准化，使任何一位作业员都能轻松操作机械，并使作业成为谁都可以胜任的标准作业。

2）班组长的重视和投入：班组长在多能工的培养中扮演重要角色，应重视培训工作，多能工的增加可以增强班组的变化冲击能力和工作效率。

3）严格按照作业指导书操作：作业指导书可以帮助员工了解和掌握作业方法，培训时要求操作者按照作业指导书进行操作，提高技能水平。

4）全体员工的参与：多能工的培养需要全员参与。高层管理者要给予支持，中层管理者进行合理规划，基层管理者协调执行，班组成员积极参与，多方共同完成多能工培训任务。

5）制订科学合理的培训计划：根据企业的发展需求和员工实际情况，制定切合实际的培训计划，避免培训落空。

6）设备的改良和优化：操作设备使用不便会影响多能工的培养，需要生产技术部门和设备管理部门进行配合，寻求改善，使设备适应标准化操作。

7）保证安全：在多能工培训过程中，要重视安全知识培训，提升安全意识，防止出现安全风险。

8）支持精益生产思想：多能工理念是为了适应需求变化，提高应对变化的能力，结合企业效能提升的需要，在多能工培训过程中注重精益生产的思想。

11.3.5 多能工培训总结表

在多能工培训过程中，根据培训进度情况应及时进行阶段培训总结，为后续培训提供支持。多能工培训总结表如表 11－7（参考样式）。表 11－7 为参考样式，可以根据班组作业特点进行适当调整。

表 11－7 多能工培训进度情况总结表（参考样式）

年 月 日 班组的多能工培训总结						班组长	所长	日期
序号	工序操作者	培训教师	培训内容	培训前操作者个人能力	培训效果	下步计划	多能工目标	个人能力评价
1							此操作者目标为 5 个工序	目前他能独立操作的工序是 3 个，个人能力为 60％
2							此操作者目标为 4 个工序	目前他能独立操作的工序是 2 个，个人能力为 50％
3							此操作者目标为 5 个工序	目前他能独立操作的工序是 4 个，个人能力为 80％

续表

年　月　日 班组的多能工培训总结						班组长	所长	日期
序号	工序操作者	培训教师	培训内容	培训前操作者个人能力	培训效果	下步计划	多能工目标	个人能力评价
4				◔	◑	◕	此操作者目标为 5 个工序	目前他能独立操作的工序是 3 个，个人能力为 60%
5				◕	●	该换下一个培训内容	此操作者目标为 5 个工序	目前他能独立操作的工序是 4 个，个人能力为 80%
6				◕	●	该换下一个培训内容	此操作者目标为 5 个工序	目前他能独立操作的工序是 4 个，个人能力为 80%
7				◔	◑	◕	此操作者目标为 5 个工序	目前他能独立操作的工序是 3 个，个人能力为 60%
注：培训计划标识	了解名称操作不熟 ◔ 25%		能操作但不熟练 ◑ 50%		可独立操作作业 ◕ 75%		完全了解可教导 ● 100%	

11.4　典型案例——航天企业班组多能工实践

11.4.1　第 25 研究所 A21 班组的多能工实施案例

在面对任务量增加、人员紧缺、市场需求波动和自动化管理迫切等多种因素的影响下，航天企业第 25 研究所为了提升班组效能，自 2021 年起实施了“一人多岗、一岗多能、多岗融合”的多能工行动计划。为了实施多能工的培养和实施计划，25 研究所采用了点、线、面的方式。首先，25 研究所建立了骨干小组，编制了培训教材，并确定了操作技能基础。然后，25 研究所分解了多个工序的技能点，加强了流程培训，并为跨岗位和分岗位的组员提供了培训。对于那些满足上岗考核要求的组员，25 研究所发放了上岗资格证书，实现了持证上岗的目标。同时，25 研究所也持续提升设备的自动化程度，改进工艺设计，并实施了集成管理和流程优化措施。这种“多能工＋自动化”的方式帮助 25 研究所提升了班组的效能。在使用和激励多能工方面，25 研究所采用了“按能定岗”的方式，推进了技术与技能的融合，推动了精益生产，优化了班组内和跨班组的调度。25 研究所改良了交接流程设计，实现了“组内熟练＋组间熟悉”以及人机高效结合。此外，25 研究所还通过及时奖励、评优、晋升和绩效考核等方式激励员工的工作积极性。

典型班组案例——A21 班组的多能工实施案例。

A21 班组是地面试验领域的专业测控团队。A21 班组作为第一批试点班组加入厂所工会组织开展的班组效能提升工作，在岗位创新、班组管理、提质增效等方面取得了显著成绩。如今，多能工的培养和实施已经成为该班组提升效能的特色方式。

自 2017 年以来，随着试验任务量的增长，A21 班组面临的挑战也逐年递增，面对挑战，效能提升刻不容缓（见表 11－8）。截至 2022 年 12 月，A21 班组组内共有组员 22 人，共有 3 个岗位——测控岗、振动岗、控制台岗。组内成员多数掌握 1 到 2 个岗位技能，岗位之间的可替代性差，岗位之间的人员不互通。班组经过效能分析，将“一岗多能”作为班组重点的效能提升点。

表 11－8　2017—2022 年 A21 班组试验量与人数统计

年份	试验数量(台)	班组人数(个)
2017 年	176	24
2018 年	205	25
2019 年	188	24
2020 年	221	22
2021 年	244	21
2022 年	420	21

A21 班组通过梳理组内岗位技能、整理人员目前技能掌握情况、制定“一岗多能”计划来完成效能提升，主要体现为以下 5 个方面的内容，现阐述如下。

（1）明确岗位工序和岗位技能

为实现组内有效的一岗多能学习，测控组将测控岗位的主要分工分为 8 道工序，不同工序对应不同相关技能，分别为：

工序 1：熟练操作 PXI 系统采集推力、压强、温度、应变、位移、热流、空压、激光位移等参数，并对采集数据在采集现场做出初步的判断。

工序 2：判定推力、压强、温度、应变、位移、热流、空压、激光位移等参数是否为异常数据，核实传感器状态。

工序 3：PXI 采集系统的试后处理，包含常规计算、数据判读修复、出试验数据报告等。

工序 4：熟练操作 DP、BK、Dwsoft 系统采集振动、噪声、冲击、打开、过载、陀螺仪等参数，并对采集数据在采集现场做出初步的判断。

工序 5：判定振动、噪声、冲击、打开、过载、陀螺仪等参数是否为异常数据，核实传感器状态。

工序 6：DP、BK、Dwsoft 系统的试后处理，包含常规计算、数据判读修复、出试验数据报告等。

工序 7：操作控制台系统，触发点火电流、设置牵动信号、并与其他系统合作进行时序计算。

工序 8：试验广播口令，在试验中进行电话分组设置，完成控制台系统试验报告等。

测控组 8 种工序并非简单的“串联”而是分为三组“并联”排序，下图为测控组工序排布图（见图 11－4）。

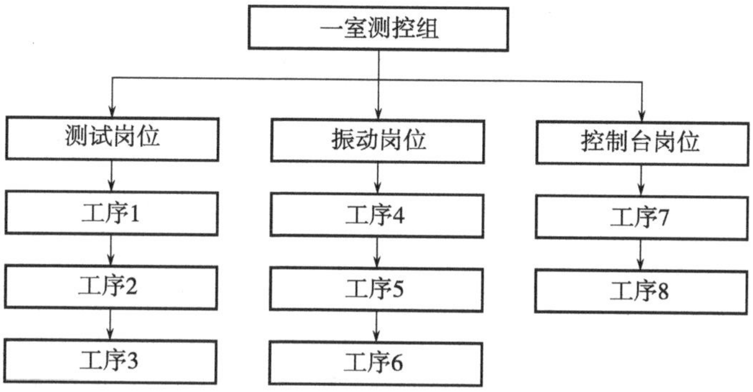

图 11－4　第 25 研究所 A21 班组工序图

（2）确定岗位技能等级和岗位技能评分

截至 2022 年 12 月，将本组员工对该工序的熟练程度分为 4 个档位，分别为：入门级，新手级，熟练级，导师级。统计 8 个工序对应的本组人员的技能掌控情况，其中导师级记 1 分、熟练级记 0.75 分、新手级记 0.5 分、入门级记 0.25 分，班组共有 22 人，工序掌握满分为 22 分。

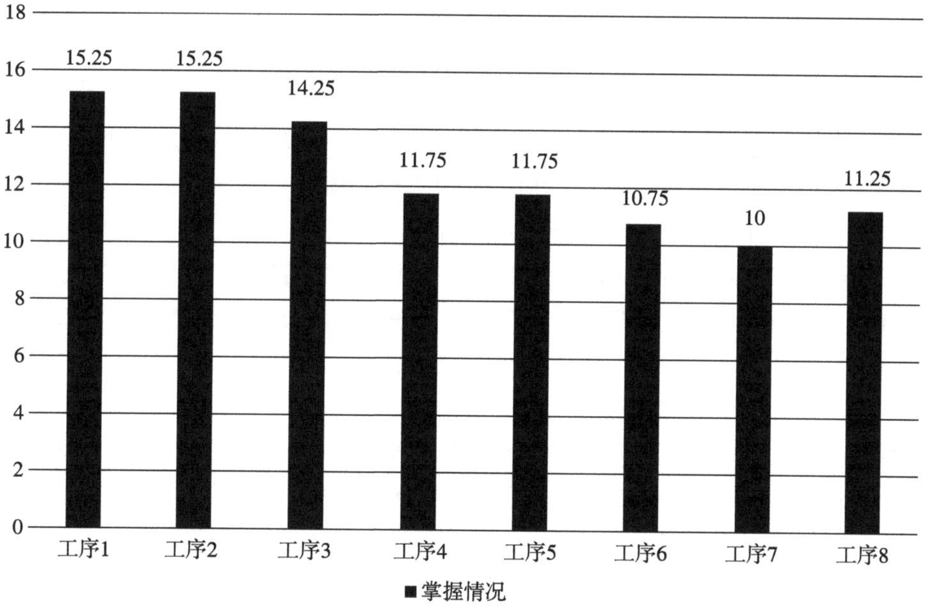

图 11－5　第 25 研究所 A21 班组工序情况掌握图

总结目前的班组情况，工序 1～3 的掌握度超过 50%，其中工序 1、2 最高达到 69%，工序 4～8 的掌握度未达到 50%，其中工序 7 的掌握度最低，为 45%。

根据个人的工序掌握情况计分，其中满分为 8 分，制作分布如图 11－6 所示。

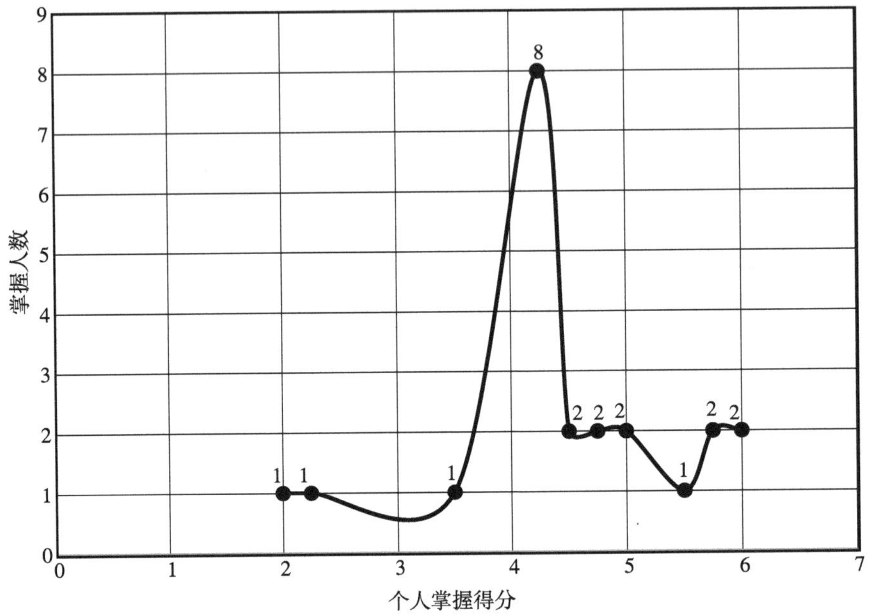

图 11－6　第 25 研究所 A21 班组组内人员技能掌握得分图

班组的个人掌握情况中（见图 11－6），大多数组员掌握 4 道工序，掌握得分最高为 6 分，共有 2 人，最低为 1 分，为 1 人，班组掌握得分人数最多为 4.25 分，共有 8 人，平均分为 4.5 分。

（3）制定和实施“一岗多能”培训计划

根据对班组现状的梳理，测控组制订了有倾向性的可实现目标，并制定了相应计划。既以 2023 年“一岗多能”班组效能提升计划为例进行说明。

2023 年初班组制订了 2 个效能提升的目标：

1）在班组人员不变的前提下，将所有工序的人员掌握度提升至 12 分以上；

2）将组内人员的 6 分人员提升至 8 分，将 4～5 分人员提升至 6 分，将 2～3 分人员提升至 4 分。

2023 年班组制订了 2 个效能提升计划：

1）根据工序掌握情况，熟练 1、2、3 工序的人员较多，可替换性高，将熟练掌握 1～3 工序的 4.5 分员工学习 4～6 工序，保证其学习至熟练级；

2）在 4～6 工序的掌握度提升至 12 分后，分批安排组内人员学习 7、8 工序，并学习达到熟练级别。

表 11－9 为班组效能提升的培训计划表。

表 11－9　第 25 研究所 A21 班组效能提升培训计划

人员	岗位	第 2 岗位	学习时间
殷＊	测控岗位	振动岗位工序 4～6 到导师级 控制台岗位工序 7～8 到熟练级	2023.3—2023.12
卫＊	振动岗位	测控岗位工序 1～3 到导师级 控制台岗位工序 7～8 到熟练级	2023.3—2023.12
吴＊	控制台岗位	振动岗位工序 4～6 到导师级 测控岗位工序 1～3 到熟练级	2023.3—2023.12
李＊	测控岗位	控制台岗位工序 7～8 到导师级	2023.3—2023.12
杨＊＊	测控岗位	振动岗位工序 4～6 到熟练级	2023.3—2023.12
苏＊＊	测控岗位	振动岗位工序 4～6 到熟练级	2023.3—2023.12
朱＊	测控岗位	振动岗位工序 4～6 到熟练级	2023.3—2023.12
赵＊	测控岗位	振动岗位工序 4～6 到熟练级	2023.3—2023.12
吴＊＊	测控岗位	振动岗位工序 4～6 到熟练级	2023.3—2023.12
李＊＊	测控岗位	振动岗位工序 4～6 到熟练级	2023.3—2023.12
庞＊＊	测控岗位	测控岗位工序 4～6 到熟练级	2023.3—2023.12
吕＊	振动岗位	测控岗位工序 1～3 到熟练级	2023.3—2023.12
熊＊	振动岗位	测控岗位工序 1～3 到熟练级	2023.3—2023.12
王＊	振动岗位	测控岗位工序 1～3 到熟练级	2023.3—2023.12
陈＊	振动岗位	测控岗位工序 1～3 到熟练级	2023.3—2023.12
李＊	振动岗位	测控岗位工序 1～3 到入门级	2023.3—2023.12
孙＊＊	振动岗位	振动岗位工序 4～6 到熟练级	2023.3—2023.12
张＊＊	控制台岗位	测控岗位工序 1～3 到熟练级	2023.3—2023.12
李＊	控制台岗位	测控岗位工序 1～3 到熟练级	2023.3—2023.12
陈＊＊	控制台岗位	测控岗位工序 1～3 到熟练级	2023.3—2023.12
王＊＊	控制台岗位	测控岗位工序 1～3 到熟练级	2023.3—2023.12

（4）实施“一岗多能”提升班组效能的效果

截至 2023 年 6 月，第 25 研究所 A21 班组效能提升成效如图 11－7 所示。

其中暗色为“一岗多能”前的状态，浅色为“一岗多能”后的状态。由图 11－7 可以看出，测控组工序 4～6、工序 8 的组内人员掌握率提升至 50％以上。由图 14－8 可以看出，班组掌握得分人数最多由 4.25 分改变为 4.75 分和 4.25 分，人数均为 5 人，平均分由 4.5 分上升至 4.75，整体掌握水平提升。可见，测控组“一岗多能”制度的实行显著提升班组效能与班组人员个人能力，是班组效能提升计划中的重要一环。

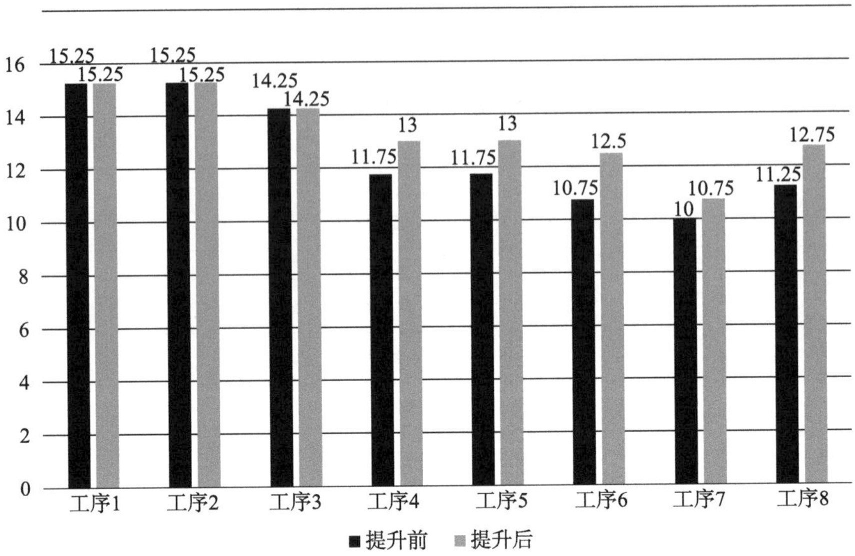

图 11－7　第 25 研究所 A21 班组效能提升前后工序情况掌握图

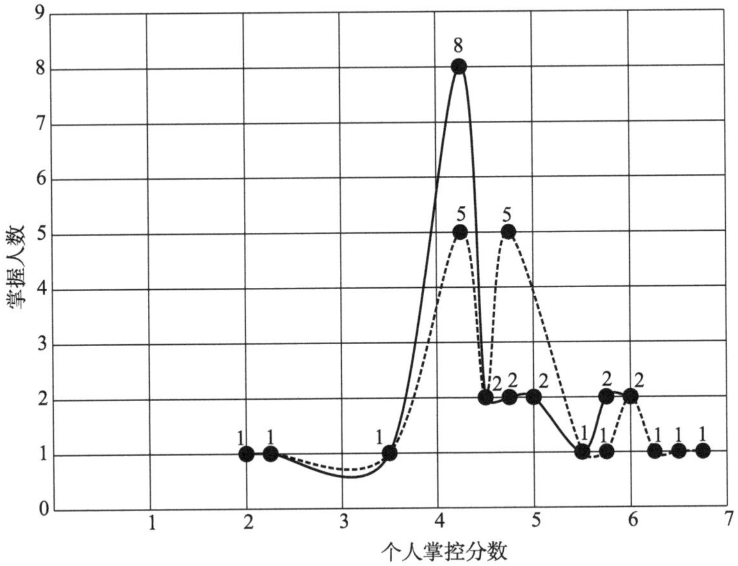

图 11－8　第 25 研究所 A21 班组组内人员技能掌握得分图前后变化

(5)“一岗多能”班组效能提升计划的经验总结

一是编写专岗专用教材。组织编制“专岗专用”培训教材与体系化的技术总结经验教材，如固发点火试验管理教材、测试与振动岗位知识培训教材等，供员工日常工作查询知识与新员工培训使用，扎实组员的理论基础，为一岗多能创造基础。

二是定期举办线上线下岗位培训活动。自 2022 年以来，班组定期组织线上线下学习交流活动，促进技术交流，加强班组融合。2022 年 10 月测控组邀请东方所刘峰博士、段勇强老师讲解结构动力学参数的精准识别与案例分享及以数据为中心的工业人工智能讨论。2023 年 3 月测控组组织全体组员线上学习 Dwsoft 系统，并进行线下实际操作。

三是轮岗式岗位融合学习。实行轮岗制度，不同岗位的组员在师傅的带领下相互上岗，互相学习岗位的相关知识，有效提升组员的实际操作能力，做到真正的“一岗多能”。

四是组建攻关团队。在试验的过程中，经常遇到技术相关的问题，为解决问题，提升组员能力，班组积极组建攻关团队，吸纳全组人员加入，在解决问题的过程中进行班组的岗位融合与技术学习。在岗位操作互相学习的过程中，各组之间也相互交流传感器原理、数据处理理论、岗位发展方向等。为达到相互交流的目的，班组计划定期组织技术交流活动，组建不同组员加入特定攻关团队。

通过以上“一岗多能”行动计划及设备自动化等配套措施，航天企业第 25 研究所成功地加强了班组建设，提升了班组效能，提高了设备自动化程度，改进了工艺设计，为航天事业发展做出了突出贡献。

11.4.2　B19 生产班组的多能工实施案例

B19 生产班组负责产品合成工作。在多能工管理方法的实践过程中，该组作为一个 10 人的班组，承担了相当于某厂一个车间的生产任务，细分岗位有 15 个，为顺利完成生产任务，常常需要一人承担多个岗位工作。近年来，在任务量增加、人员紧缺、市场需求波动及自动化管理迫切等多因素影响下，该组实施了“一人多岗、一岗多能、多岗融合”行动计划，多能工的培养和实施成为班组效能提升的特色方式。

(1) 建立班组多能工的能力矩阵

B19 生产班组能力矩阵分为基础能力和工作能力（见表 11－10），其中基础能力分为文化教育程度、专业基础知识、安全理论知识、保密相关知识、质量管理知识、8S 管理能力、自我学习能力、团队协作能力、情绪自控能力等，工作能力又分为实操技能、解决问题、危险预判、应急处理和工艺创新等能力。班组多能工的能力矩阵上墙公示如图 11－9 所示。

表 11－10　B19 生产班组多能工的能力矩阵

姓名	基础能力									工作能力				
	文化教育程度	专业基础知识	安全理论知识	保密相关知识	质量管理知识	8S 管理能力	自我学习能力	团队协作能力	情绪自控能力	实操技能	解决问题	危险预判	应急处理	工艺创新
P1														
P2														
P3														
P4														
P5														
P6														
P7														
P8														

续表

姓名	基础能力									工作能力				
	文化教育程度	专业基础知识	安全理论知识	保密相关知识	质量管理知识	8S管理能力	自我学习能力	团队协作能力	情绪自控能力	实操技能	解决问题	危险预判	应急处理	工艺创新
P9														
P10														
P11														
P12														
P13														
P14														
P15														

班组能力矩阵					
	受教育程度	安全理论知识	保密相关知识	实操技能	情绪自控能力
王＊＊	4	5	5	4	3
李＊＊	5	5	4	3	4
刘＊＊	3	4	5	3	5
赵＊＊	4	5	4	3	5
齐＊＊	4	3	5	4	4
张＊＊	5	3	5	3	3

图 11－9　B19 生产班组多能工的能力矩阵上墙公示图

（2）分解并培训工序技能要点

B19 生产班组首先通过点、线、面的方式，分解多工序技能要点，然后建立骨干小组，编制培训教材，确定操作技能基础，加强流程培训。该班组将生产工序分为两大环节，第 1 环节分为 9 个工序、第 2 环节分为 5 个工序，共计 14 个工序。依据工序特点，培训工人，并建立班组工序能力矩阵，班组多能工的工序能力矩阵如表 11－11 所示，上墙公示图如图 11－10 所示。

表 11－11　B19 生产班组多能工的工序能力矩阵

姓名	第一环节									第二环节				
	工序 1	工序 2	工序 3	工序 4	工序 5	工序 6	工序 7	工序 8	工序 9	工序 10	工序 11	工序 12	工序 13	工序 14
P1														
P2														
P3														
P4														
P5														
P6														

续表

姓名	第一环节									第二环节				
	工序 1	工序 2	工序 3	工序 4	工序 5	工序 6	工序 7	工序 8	工序 9	工序 10	工序 11	工序 12	工序 13	工序 14
P7														
P8														
P9														
P10														
P11														
P12														
P13														
P14														
P15														

班组能力矩阵					
	硝化	洗涤	配醇	阿贝尔	废硝酸酯处理
林＊＊	4	5	5	4	3
李＊＊	5	5	4	3	4
范＊＊	3	4	5	3	5
赵＊＊	4	5	4	3	5
齐＊＊	4	3	5	4	4
张＊＊	5	3	5	3	3

图 11－10　B19 生产班组多能工的工序能力矩阵上墙公示图

（3）明确岗位技能等级

B19 生产班组通过培养提升工人岗位技能，并按照工人掌握岗位技能程度分为 5 个等级：新到岗级、可上岗级、主操作级、导师级、卓越级（见表 11－12）。对不同等级的上岗能力进行动态考核，公示不同等级的上岗资格，实现对岗位任职能力的科学评判。同时，B19 生产班组还采用“ARR 区域责任一肩挑”管理办法，明确代班、主岗、副岗、辅岗 4 个不同岗位职责，上墙公示，保障责任明确，不会出现推诿扯皮或无人负责的现象。

表 11－12　B19 生产班组多能工岗位等级及说明

岗位等级	等级说明
新到岗级	培训中员工，暂不可上岗操作
可上岗级	掌握该项技能，可以上岗操作
主操作级	熟练掌握该项技能，可独立上岗操作
导师级	熟练掌握该项技能并能指导他人
卓越级	持续学习，创新工作

(4) 实施“一精多专全能”的效果

B19生产班组通过采用“按能定岗、按岗定薪、按能绩效”的方式，推进技术与技能融合，推进精益生产，优化班组内和跨班组调度，改良交接流程设计，实现“组内熟练+组间熟悉”以及人机高效结合，并通过及时奖励、评优、晋升、绩效等有效方式激励员工工作积极性，促进多能工管理的正向良性循环，最终实现“一精多专全能”的员工技能全面提升，班组效能提升效果显著。

第一，多能工方式在提高班组员工工作效率和质量方面发挥了显著作用。在不断地学习与实践中，员工们已熟练掌握多项技能，迅速适应不断变化的工作要求。这一过程不仅提升了他们处理工作的熟练度和精确性，也显著降低了生产事故的概率，确保了班组生产的安全无事故。多技能培养模式不仅提高了员工的专业技能，还极大地激发了他们的工作热情与积极性。在掌握新技能的同时，员工们逐渐意识到自身的成长与提升，进而增强了自信心、取得了成就感。这样的积极心态有效地推动了工作效率的提升，同时也提高了产品的质量水平。

第二，多能工方式极大地提高了员工的适应性和灵活性。员工们不仅在自身职位上展现出精湛的专业技能，还涉猎了相邻职位的技艺。这样的技能跨界为他们在面对职场各种变数和挑战时，提供了更为淡定的应对策略。多技能的员工模式也加强了同事间的互动与协作，他们在工作中因掌握了多样化的技能而更易于与他人交流与配合，从而在团队协作的效能上有所提升。在面对错综复杂的工作情境时，这种协同作战的能力显得尤为关键。

第三，多能工方式加强了整个团队的协作能力。在实施多能工制度的过程中，岗位交替和知识交流显得尤为关键。岗位交替机制让员工得以涉猎各式工作，深入了解同事的工作内容及所面临的挑战，从而激发相互间的沟通与合作。知识共享机制为团队成员提供了一个互相学习的空间，使得优秀的工作技艺和深厚经验得以在团队内广泛流传，从而有效提高了整体的工作效能。班组成员间频繁的交流与合作，不仅加深了他们之间的纽带，也强化了团队的凝聚力和协同合作意识，更在员工间构建起一种互信与互助的工作氛围。

第四，多能工制度在增强企业生产效率及竞争力上发挥着不可或缺的作用。这种制度通过提升员工的技艺多元性和环境适应性，有效促进了班组整体作业效率及应变力的提升。因此，当市场需求波动或技术更新迭代时，企业能够迅速做出反应，调整生产策略，更好地满足客户多变的需求。此外，多能工制度还孕育了一批善于跨岗作业的优秀人才，他们在日常工作中展现出更高的工作价值，为企业带来了更多的经济收益，尤其在航天企业。

(5) 多能工实践提升班组效能的经验总结

通过多能工实践，B19生产班组的管理体系更加完善，效能得到有效提升。其中，主要成功经验总结如下。

第一，制定合理的多能工培训计划。根据班组的工作需求和员工的技能水平，制定详细的培训计划，包括培训目标、内容、时间安排和考核标准。针对班组内不同岗位的需求，对员工进行专业技能培训，包括理论知识和实践操作等内容；让员工了解并掌握相邻岗位的技能和知识，以便在必要时能够迅速适应变化；加强员工之间的沟通与协作能力，提高班组的整体运作效率；培养员工对产品质量的重视程度，提高产品质量水平。

第二，多能工的岗位技能培训。在开展各项工作之前，务必对各个岗位的技能要求进行详细剖析，进而形成一套工序岗位技能对应表。借助此表，员工可通过参与定期组织的培训课程与实际操作练习，不断学习掌握新的技术要领及理论知识，进而不断提升自身的专业素养。利用该技能矩阵，将班组成员的姓名与他们的技术掌握程度及知识水平相关联，这一做法不仅便于班组长准确把握每位成员的技能现状，也为制订更为精准的培训方案提供了可靠参考。此外，员工能够直观地认识到自身需提升的技术领域及相应理论知识，这有利于指明他们的学习路径，从而增强培训的成效。

第三，实施进行岗位轮换制度。令员工历经不同职务的锻炼，从而拓宽技能视野，不仅提升了他们的适应力，还加强了团队的协同作业能力。在轮岗过程中，应对表现卓越者给予认可与激励，以点燃其工作热情及积极性；对表现欠佳者，则及时伸出援手，提供指导，助力其技能提升。同时，根据轮岗实施成效评估与员工反馈，不断对岗位轮换计划进行细致调优显得至关重要。针对显现的问题及不适应状况，需迅速进行调整与完善，确保培训质量与实效性。另外，对员工展现的优点及积累的经验应予以归纳推广，助力团队持续优化与进步。

第四，建立和实施有效的激励机制。为促使员工精进技艺、提升工作效率，班组需构建并推行一套全面的绩效考核机制。此机制应综合考虑员工的工作效率、产品品质及安全生产等方面因素，确保每一位员工的努力与贡献均能获得应有的认可与回报。此外，班组亦设立一套奖励体系，以表彰在技能多样化实践中表现出色的员工，明确奖励的评判准则。这些准则应涵盖员工技能的多样性、工作效率的增幅、产品品质的稳定性和安全生产的记录等方面。奖励形式多样，既有物质的如奖金、晋升机遇，也有精神的如公开表扬、荣誉证书等。此举不仅激发优秀员工的积极性，亦能点燃其他成员的学习与工作热情。一套行之有效的激励机制，将增强员工的归属与荣誉感，促进团队凝聚力的形成，以及学习型组织文化的塑造。

第五，持续推进班组管理体系建设。班组建立了班组建设程序管理体系和作业管理体系。班组建设程序管理体系，主要是根据班组年度目标，建立班组能力矩阵、实施班组特色管理、完善班组组织架构、形成灵活班组管理制度。该管理体系聚焦价值创造，全员参与，持续工艺创新，打造一流水平金牌班组（见图 11 - 11）。班组建设作业管理体系主要通过班组会议记录、班组检查记录、任务管理、持续改进、公告栏、情绪管理、光荣榜、通知栏等方式实现作业有效管理（见图 11 - 12）。

B19 生产班组通过“一岗多能”行动计划和设备自动化等配套措施的实施，不仅成功地提升了班组效能，还实现了安全生产和精益求精的要求，为航天事业的发展贡献了巨大的力量。这一成功的经验无疑为其他班组的建设提供了极具参考价值的范例。

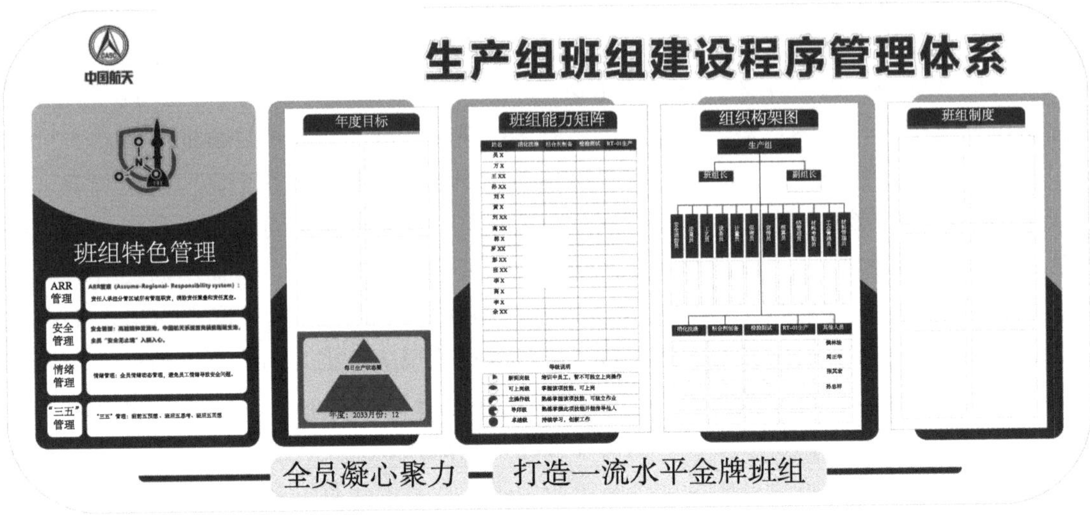

图 11－11　班组建设程序管理体系

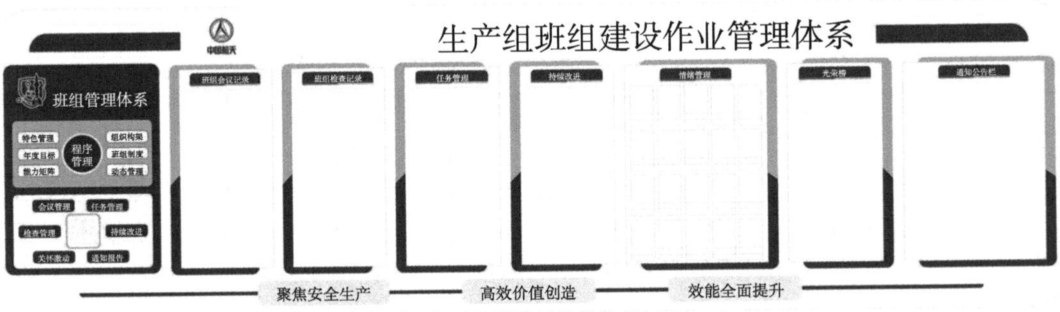

图 11－12　班组建设作业管理体系

第 12 章　连续作业实践

12.1　连续作业概述

12.1.1　连续作业的定义

按照产品的工艺流程顺序将不同的设备或其他制造资源排列在一起组成生产线，产品在加工过程中没有停滞和等待。这样的生产线时常被称为“连续作业生产线”或“单元线”，这种操作被称为连续作业。但有的生产线又由于加工和流转批量相似，有时人们也称之为“单件流”。

12.1.2　连续作业的目的

（1）减少浪费

通过对生产环节的持续作业优化，企业能够有效辨识并根除诸多浪费现象，诸如不必要的等待、运输耗时以及库存过剩等问题。此举旨在将有限资源发挥至极致，专注于提升价值创造，进而削减非必要的资源消耗。

（2）提高生产效率

在追求高效生产的模式下，连续作业模式以迅速、流畅及需求响应为核心理念。此举通过对工作站的精心布局，确保了物料供给的及时性，有效减少了生产过程中的阻碍与停滞。进一步地，通过缩短生产周期、增强产品切换效率以及提高产出品质，连续作业模式极大地促进了生产效益的全面提升。

（3）降低成本

连续作业通过对库存量的削减、设备闲置及故障时间的减少，以及交付周期的缩短，有效促进了生产成本的降低。此外，不断对生产流程进行细致优化，不仅能减少人力与资源的无效投入，还能显著提升生产效益及资源的使用效率，进而实现整体运营成本的下降。

（4）创造客户价值

连续作业有效减少了产品交付周期，同时提升了产品品质的均衡性与可信度。这一变革极大地提升了组织对市场需求的快速反应能力，使其能在更短时间内精确捕捉并满足客户需求。依靠连续作业所提供的高品质、及时性强的产品与服务，组织得以构建并巩固与客户的优质互动，进而实现客户价值的全面提升。

12.2 连续作业方法

12.2.1 按加工顺序排列设备

在一些工厂里，不同工序的加工设备之间的距离非常远，导致加工过程中产生的中间产品需要花费较多的时间和人力才能被搬运到下一道工序。这种现象被称为孤岛式布局。为了实现“连续作业”的生产模式，企业需要放弃按设备类型排列的布局方式，而是应该按照加工顺序来排列生产设备。这样做可以避免孤岛现象的出现，并尽可能地使设备的布置更加流水线化。

12.2.2 按节拍进行生产

“连续作业”生产还要求各道工序严格按照一定的节拍进行生产。如果各道工序的生产节拍不一致，将会出现产品积压或停滞，无法形成“连续作业”。因此，应该合理安排作业内容，根据 ECRS（Eliminate“取消”、Combine“合并”、Rearrange“调整顺序”和 Simplify“简化”）原则，让大家的工作均衡，每一道工序都按节拍进行生产，从而使整个生产过程顺畅。

12.2.3 站立式走动作业

在很多工厂的生产现场都可以看到，工人们几乎都坐着工作，他们的很多动作都属于浪费。从 JIT（Just In Time，准时制）的角度来讲，为了调整生产节拍，有可能需要一个人同时操作两个或多个设备，这就要求作业人员不能坐着工作，而应该采用站立走动的作业方式，从而提高工作效率。

12.2.4 设备小型化及低成本

鉴于航天企业具有多品种小批量的生产特性，大型设备会导致产品积压，并增加投资和占地面积。因此，航天企业应采用小型、便宜的设备，以实现连续作业和提高效率。小型化设备对于班组效能的提升具有以下促进作用：一是小型化设备更加灵活、便携和高效，能够快速完成任务，提高工作效率；二是小型化设备成本较低，减少了投资和维护成本，提高资源利用效率；三是小型化设备便于携带和移动，提高班组的灵活性和应对能力；四是小型化设备减轻了班组成员的负担和劳动强度，改善工作条件和提升工作效能；五是小型化设备便于团队成员之间的协同合作和沟通交流，提高工作的协同效能。因此，航天企业应通过设备小型化的方法来提升班组效能，以提高工作效率、降低成本、增强灵活性、改善工作条件和提高协同性。

12.2.5 “U”形生产线布置

如果将生产设备一字摆开，工人从第一台设备到最后一台设备就需要走动很远的距离，从而造成严重的人力浪费。因此，“连续作业”生产常常将生产设备按照“U”字形来排列，从入口到出口形成一个完整的“U”型，进而大量减少由于不同工序之间的传递而造成的走动，减少走动时间和搬运距离的浪费，提高生产效率。

12.2.6　作业标准化

作业的标准化就是要求每一个岗位、每一道工序都有一份标准作业指导书，然后检查员工是否按照作业指导书的要求工作。这样就能强制员工严格按照既定的生产节拍进行生产。通过标准化作业，降低员工的随意性，同时，方便新员工学习。

12.3　典型案例——航天企业班组连续作业实践

12.3.1　作业标准化——螺钉装配合格率快速检测操作法

在电机装配过程中，螺钉需要和弹簧垫圈和平垫圈配套使用。然而，由于装配产品过多，操作人员容易疲劳，可能会出现以下问题：1）平垫圈漏装或多装；2）由于拧紧力矩不够，弹簧垫圈会出现重叠问题，影响产品出品率（如图 12－1、图 12－2 所示）。

图 12－1　平垫圈多装

图 12－2　螺钉未拧紧

为了避免以上问题，一般会采用人工裸眼对装配好的电机进行检测。然而，由于操作人员的工作量大，导致在总装过程中出现异常时无法及时发现和处理，这就直接影响到产品总装质量。考虑到电机是精密机电产品，垫圈厚度较薄且产品数量较多，人工裸眼检测误差较大，效率低。为了提高产品出品率、避免质量问题发生、降低维修成本，班组采用百分表完成出品前的最终检测。百分表是一种常用的测量工具，可以精确测量物体的间隙或垂直度等相关参数。这样不仅可以提高效率和减少误差，还可以提前发现潜在的装配问题，并及时解决；同时也可以提高产品出品率，同时降低维修成本。其具体操作方法介绍如下。

（1）新操作法实施的具体措施

为了保证产品百分百出品率，避免低层次质量问题发生，减少人工裸眼直接检测存在的误差，经过小组多轮讨论与试验以及实践检验，设计出了一种螺钉装配合格率快速检测操作法，采用主支架＋平台＋百分表＋专用底座组成测量装置进行检测。选择用百分表对电机装配后的螺钉进行出品前的最终检测，进而减少因人工裸眼检测导致的误差。具体操作流程如图 12－3 所示。

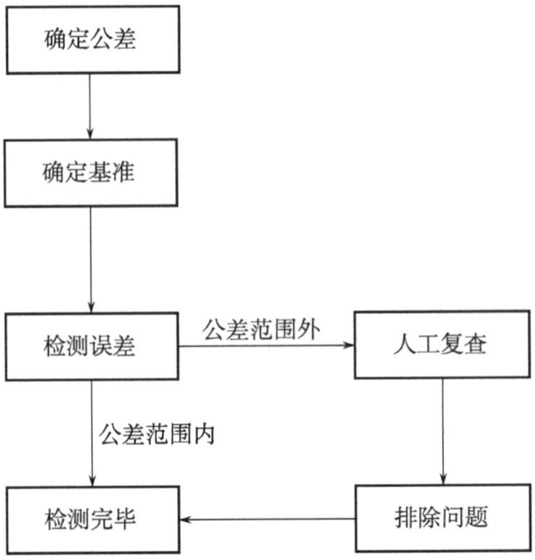

图 12-3　操作方法

①确定公差

如图 12-4、图 12-5 所示，平垫圈相较于弹簧垫圈较薄，因此选择平垫圈厚度作为公差项，若测量的螺钉高度在公差项外，则会存在平垫圈漏装或者多装以及弹簧垫圈重叠的问题。

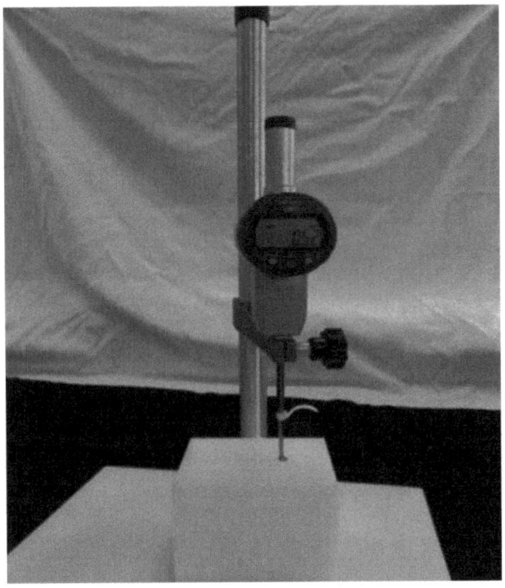

图 12-4　测量平垫圈值

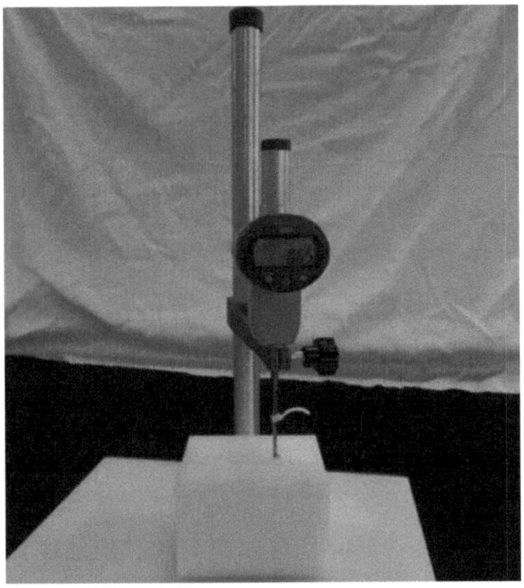

图 12-5　测量弹垫圈值

②确定基准

由于不同电机装配误差不同，因此以同台电机中同一规格，已确定装配合格的螺钉高度作为检测基准，将百分表探测头放置在基准螺钉平面上（见图 12-6），并归零。具体操作步骤如下：

1）待测电机放在检测平台；

2）上专用支座上；

3）调整固定仪表支架位置；

4）移动电机到测量位置并读取测量值。

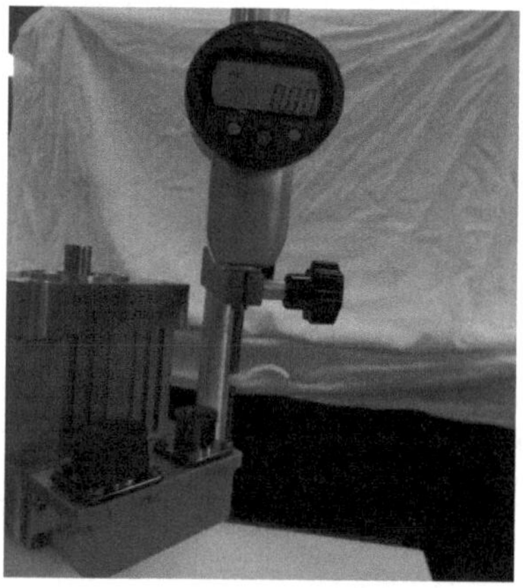

图 12-6　确定基准

③检测误差

将已确定装配合格的螺钉高度作为检测基准，移动待测电机对插座安装、接线盒安装、旋变安装等不同部位逐个测量并读取数值，如图 12-7 所示。

④人工复查

在上一步骤中若测量数据超过所定公差范围，则需人工裸眼进行复查，并针对所检测出的问题进行后续处理，如图 12-8 所示。

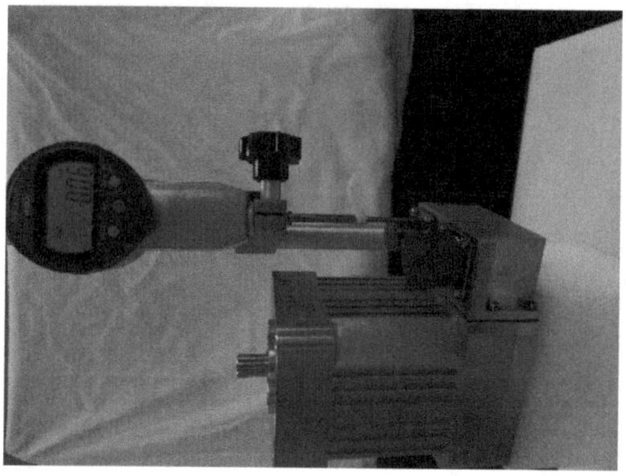

图 12-7　插座测量

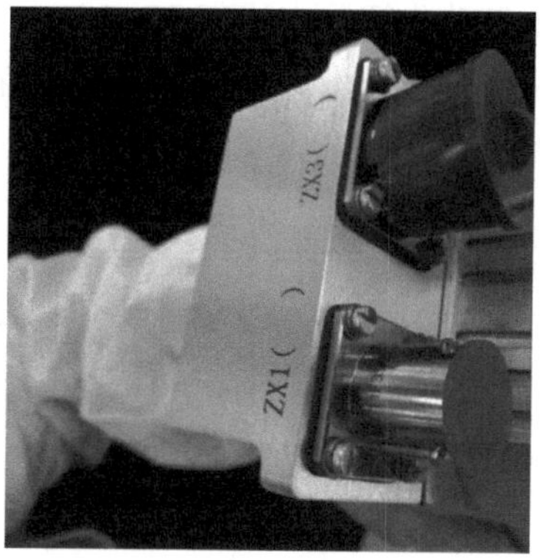

图 12-8　人工复查

（2）新操作法总结

采用新操作法之后，取得了显著成效，归纳起来，有以下几点：

1）圆满完成科研生产任务。2022 年 1—9 月圆满完成生产任务，交付电机 4 655 台。

2）该操作法操作简单、实用，操作人员易上手。

3）产品出品率得到保证。已交付电机中出现因为螺钉安装问题导致需要重新返修的为 0，达到百分百出品率；

4）提高了检测效率。之前人工裸眼检测 100 个电机需要五人用半天的时间检测，使用新操作法之后相同数量电机仅需两人，效率提高了百分之一百五十；

5）降低了维修成本。减少了因产品不合格导致工作人员上门维修的成本，新操作法实施 8 个月以来，节约直接成本 1.5 万元。

6）适用性强，可推广。该操作法可以推广适用于多种机电产品上小螺钉安装质量检测。

7）新旧操作法对比结果，如表 12－1 所示。

表 12－1　新旧操作法对比

方法选择	旧操作法	新操作法
操作方式	人工裸眼观察	使用百分表测量螺钉高度，若螺钉高度在公差范围外，则再进行人工复查
操作效果	不能保证百分百出品率 效率低，后续维修成本高	出品率百分之百 效率高，成本低

12.3.2　U 型布局——安全气囊生产线

安全气囊发生器事业部主要以生产汽车安全气囊气体发生器安全件为主，事业部规划多条自动化智能生产线，产线呈 U 型布局以逆时针方向排列，按工艺流程排列生产，产线入口与出口在同一方向同一地点，过程中可实现单件流，中间工序 0 库存。U 型布局极大地减少了员工运动路径，提高了生产效率，降低了生产批量，提高了产线柔性化度。

（1）自动化智能产线人员情况

每条自动化智能产线有 13 个工位，其中 10 个工位均是机械手自动化智能操作，每条产线有 3 个人工操作岗位，分别分布在产线线头、线中、线尾。产线 U 型布局和人员分布情况如图 12－9 所示。

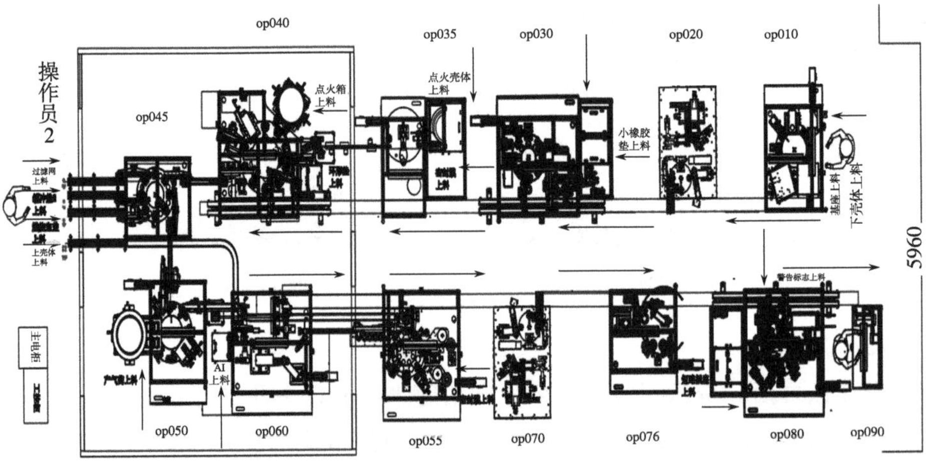

图 12－9　自动化智能产线 U 型布局图

(2)“水蜘蛛”物料配送

产线及物料超市布局情况如图 12－10 和图 12－11 所示。安全气囊发生器事业部新区规划共 8 条自动化智能产线，产线布局呈横向排列，分别位于厂房东西两侧，两侧各有一个物料区，每个物料超市供应 4 条产线物料。

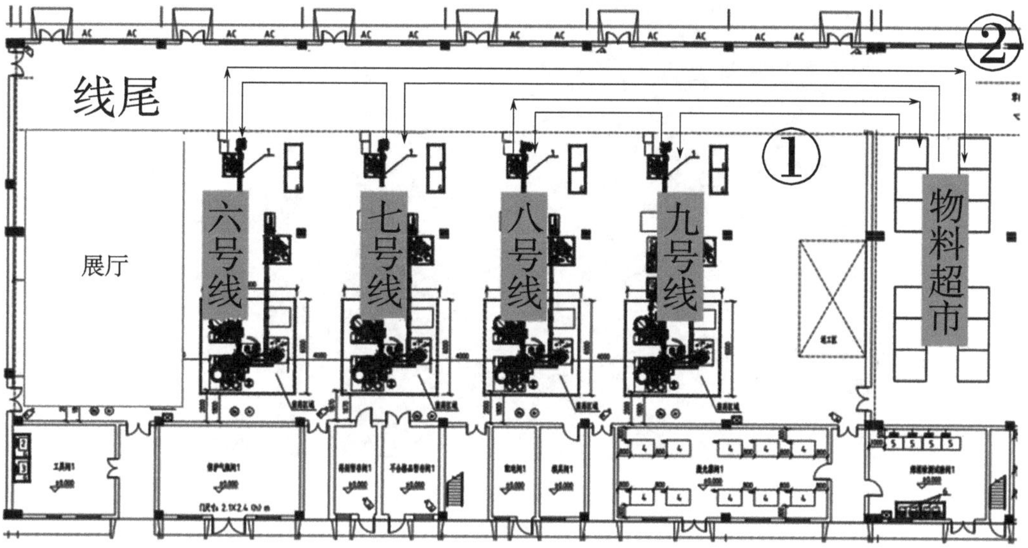

图 12－10　自动化智能产线分布图东侧

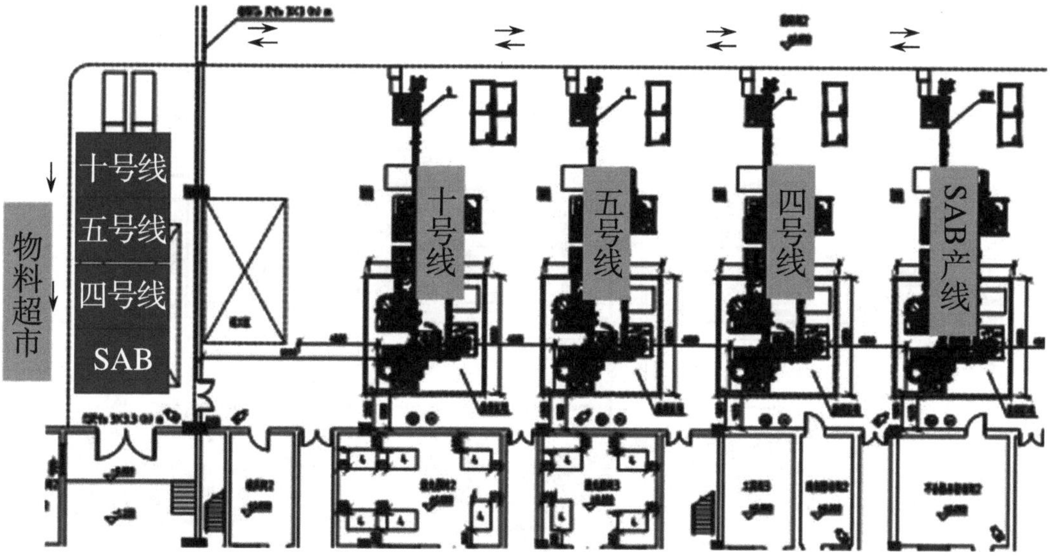

图 12－11　自动化智能产线分布图西侧

(3) 物料超市

产线物料配送情况如图 12－12 所示。每种产品共 17 种物料分别分布在产线 13 个工位中，其中有 10 个工位存在物料加料，并且在各工位放置物料架，会根据各工位生产节拍、物料包装尺寸及包装量的不同，让各工位料架存储量略有差异。

图 12－12　物料超市图

产线物料配送分为上料和加料两个动作，上料是水蜘蛛将物料在规定时间从物料超市转运至各产线工位料架；加料是产线操作人员将产线各工位料架物料加至工位振动盘或料仓，自动化智能产线料架分布如图 12－13 所示，水蜘蛛转运车如图 12－14 所示，水蜘蛛手持式 PDA 如图 12－15 所示。

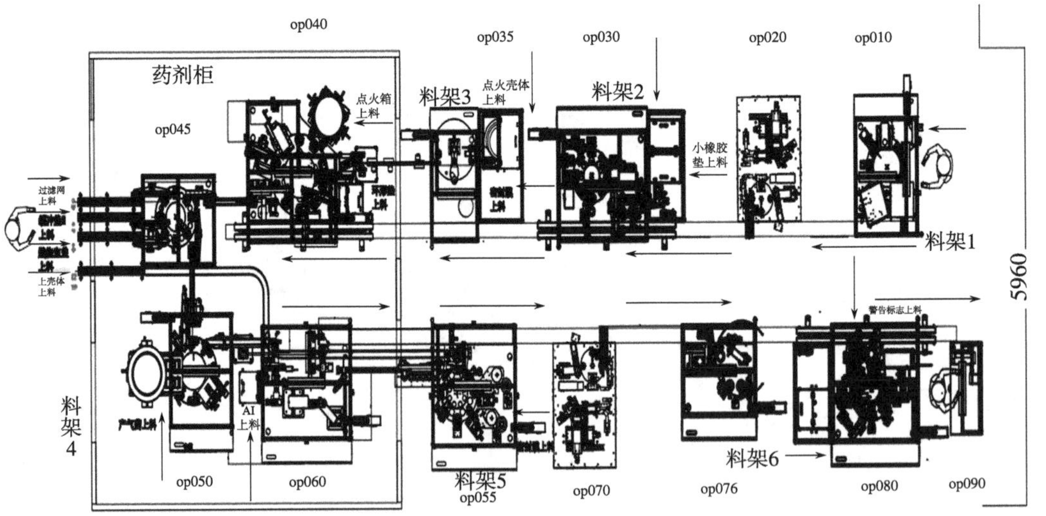

图 12－13　自动化智能产线料架分布图

图 12－14　水蜘蛛转运车图

图 12－15　水蜘蛛手持式 PDA

产线物料基本信息。根据产线各工位物料基本信息，梳理每个工位每种物料的最小包装量数量、重量、尺寸及理论产能下需要的包装箱数（袋数、包数）。依据物料基本信息及工位物料最大存放量测算出水蜘蛛配送频次为 6 小时/次，详细物料信息见表 12－2，产线工位旁共 6 个料架、1 个药剂存放柜。

表 12-2 产线物料信息

序号	工位	物料	最小包装量（D5）	最小包装重量/kg	最小包装尺寸/cm	班产能按 2000 计算	包装方式	备注	最小包装量可使用时间/h	每上一次物料可使用时间/h	每次上料数量
1	OP010	WL01	250 个	17.7	55 * 32.5 * 18	8	箱		1.5	6	4
2		WL02	100 个	2.7	24 * 20	20	袋	每箱 5 袋	0.6	6	2
3	OP030	WL03	100 个	0.2	20.5 * 14	20	袋		0.6	6	10
4		WL04	1 500 个	0.7	16 * 12	2	袋		9	9	1
5	OP035	WL05	1 600 个	18.8	55 * 32.5 * 18	2	箱		9.6	9.6	1
6		WL06	4 000 个	1	15.5 * 15.5	1	包	4 卷/包(1 卷贴 1 000 个点火壳体,4 卷 4 000 个)	24	24	1
7	OP040	WL07	1 000 个	0.1	26 * 20	2	袋	每箱 5 袋	6	6	1
8	OP045	WL08	150 个	17.7	55 * 32.5 * 18	14	箱		0.9	6.3	7
9		WL09	500 个	0.5	47 * 34	4	袋		3	3	2
10		WL10	1 200 个	11.9	55 * 32.5 * 18	2	箱		7.2	7.2	1
11		WL11	200 个	10.8	45 * 29 * 18	10	箱		1.2	6	5
12	OP055	WL12	1 500 个	1	15.5 * 15.5	2	包	5 卷/包(1 卷贴 300 个上壳体,5 卷 1 500 个)	9	9	1
13	OP080	WL13	3 000 个	1.8	40 * 25	1	袋		18	18	1
14		WL14	5 000 个	2.1	26 * 12.5	1	包	5 卷/包(1 卷贴 1 000 个点火壳体,5 卷 5 000 个)	6	30	1
15	OP040	WL15	200 g						0.57	35 min	
16	OP050	WL16	10 kg						0.65	40 min	
17	OP060	WL17	1 667 片						10.0	10	

(4) 水蜘蛛运动路径及工作内容

水蜘蛛运动路径根据产线布局和各工位分布情况确定。上料运动路径分为两步：第 1 步先配送 4 条产线 op10～op40 工位物料，水蜘蛛每次配送 2 条产线物料，分 2 次配送，工作时间 50 min，运动路径从物料超市到产线线头工位即可；第 2 步配送 4 条产线 op45～op90 物料，因结构件数量较多，每次配送 1 条产线，分 4 次配送，工作时间 40 min，运动路径从物料超市北面出发到达产线中段，此次配送中转物料车与产线物料车交换可节省水蜘蛛搬运动作。水蜘蛛工作内容分配如表 12－3 所示。水蜘蛛运动路径如图 12－16 和图 12－17 所示。

表 12－3　水蜘蛛工作内容分配表

<table>
<tr><th colspan="7">水蜘蛛工作时间及工作内容</th></tr>
<tr><td colspan="2">产线工作时间</td><td>8:00—20:00</td><td colspan="2">理论产出</td><td colspan="2">2 000 发/班</td></tr>
<tr><td>时间轴</td><td>操作动作</td><td>工作内容</td><td>耗时 min</td><td>配送趟数</td><td>物料明细</td><td>备注</td></tr>
<tr><td>8:00—8:50</td><td>上料</td><td>将 6＃7＃8＃9＃ op10～op40 所有物料从物料超市搬运至产线各工位料架</td><td>50</td><td>2</td><td>WL01　4 箱
WL02　2 箱
WL03　10 袋
WL04　1 袋
WL05　1 箱
WL06　1 包
WL07　1 袋</td><td>物料需要卸货</td></tr>
<tr><td>8:50—9:30</td><td>上料</td><td>将 6＃7＃8＃9＃ op45～op90 所有物料从物料超市搬运至产线各工位料架</td><td>40</td><td>4</td><td>WL08　7 箱
WL09　2 袋
WL10　1 箱
WL11　5 箱
WL12　1 包
WL13　1 袋
WL14　1 包</td><td>物料不需要卸货
直接交换物料小车</td></tr>
<tr><td>9:30—14:00</td><td colspan="6">1. 物料超市物料领取、发放及配送，台账记录
2. 将产气药从药剂中转库转运至线边药剂柜 3 h/次
3. 现场空箱回收
4. 生产现场巡查</td></tr>
<tr><td>14:00—15:30</td><td colspan="6">重复 8:00—9:30 动作</td></tr>
<tr><td>15:30—20:00</td><td colspan="6">重复 9:30—14:00 动作</td></tr>
</table>

产线物料上料动作由水蜘蛛完成，水蜘蛛通过手持 PDA 对物料进行出、入库管理，且工位物料扫码均在各工位实现。产线各工位物料供应通过以下 3 点保障：1) 水蜘蛛按频次分节点配送各产线物料；2) 水蜘蛛不定时巡线巡查；3) 物料小车作为动态看板根据物料车数量及时补充物料。物料加料动作由产线操作人员分担完成，产线操作员加料动作分解表如表 12－4 所示。

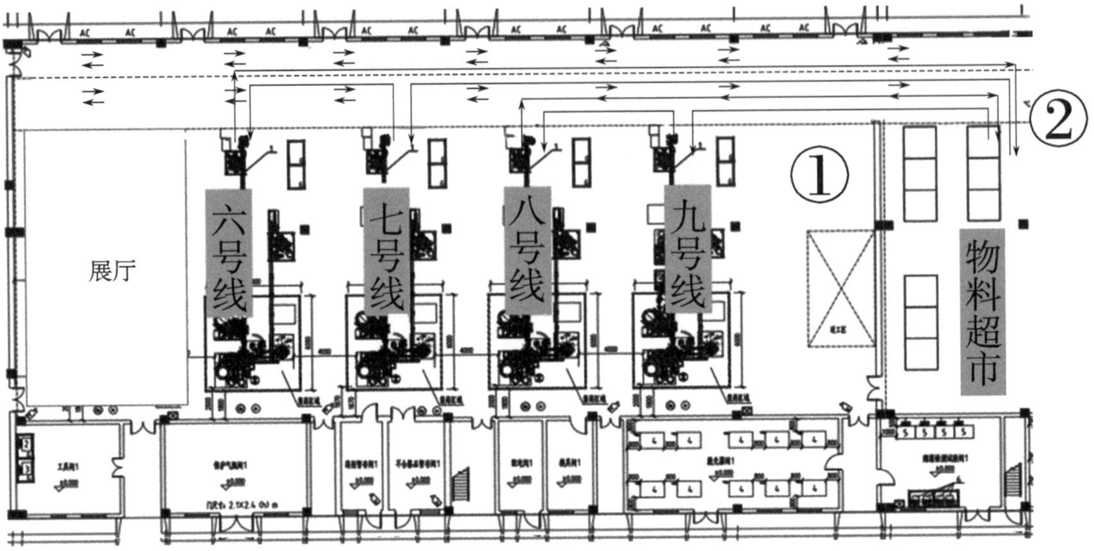

图 12－16　水蜘蛛运动路径一

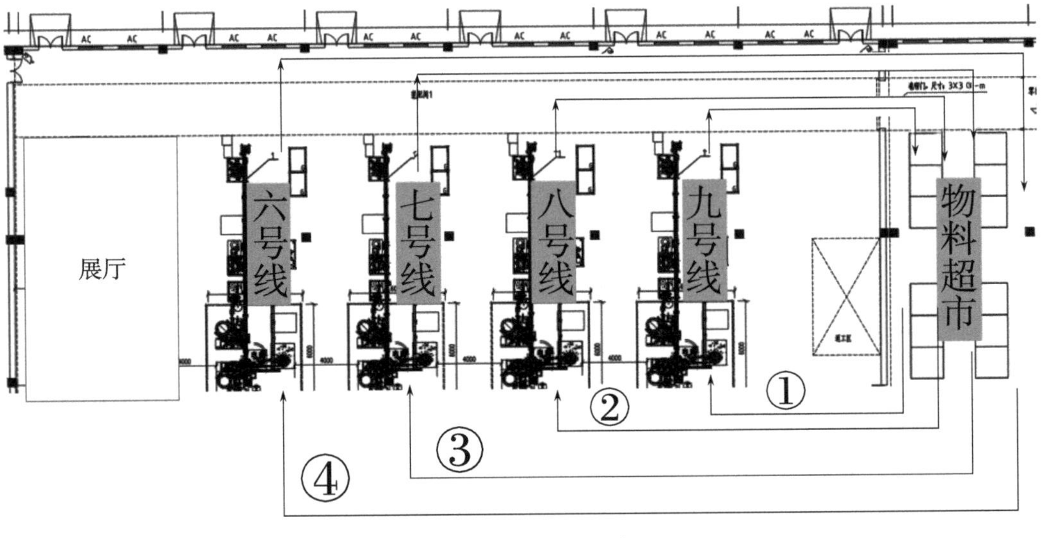

图 12－17　水蜘蛛运动路径二

事业部通过设计“水蜘蛛”配送的方式将产线以往每条产线每个班组 1 名物料员的配额优化为 1 名“水蜘蛛”管理 4 条产线物料配送，设计上深度挖潜并反复实践，在“水蜘蛛”的工作内容、工作路径、循环时间上均做了较明确的分工，最终使人员数量减少 75%，人员工作效率明显提升，对开展班组效能提升成绩显著。

表 12-4 产线操作员加料动作分

序号	角色人员	工作内容	工位	加料	单次加料所用时间/min	频次	路线
1	op10 操作员	负责 op10～op40 物料加料	op10	岗位人员实时操作			op10 工位至各料仓
			op30	WL03	0.8	30 min/次	
			op35	WL05	1	60 min/次	
			op30	WL04	3	6 h/次	
			op35	WL06			
			op40	WL07			
2	op45 操作员	负责 op45、op50 物料加料	op45	岗位人员实时操作			op45 工位至各料仓
			op55	WL12	2	2 h/次	
			op35	WL05	1.5	20 min/次	op35 药仓
			op50	WL16	2	40 min/次	op50 药仓
3	op80 操作员	op80 加料	op80	岗位人员实时操作			op80 工位至各料仓
				WL13	2	6 h/次	
				WL14			

12.3.3 U 型流水线生产，缩短等待时间提高生产效率

伞舱工段在 WR-98 着陆系统装配过程中，由于现场布局不合理、流程不畅，导致生产效率较低，自动化设备无法充分利用。因此伞舱工段员工着手在作业布局和生产流程方面进行改善。伞舱工段通过改善作业现场布局，从④-③-⑥，②-①-⑤-⑥双线并联运行改善为①-②-③-④工位串联式“U”流水线方式，如图 12-18 所示。虽然双线运行貌似效率高，但两条线的中间产品在压伞工序和压紧工序两个设备上产生冲突，并不能提高最终产品产量，相反增加了等待时间。而采用串联流水线方式缩短了零部件的运转周

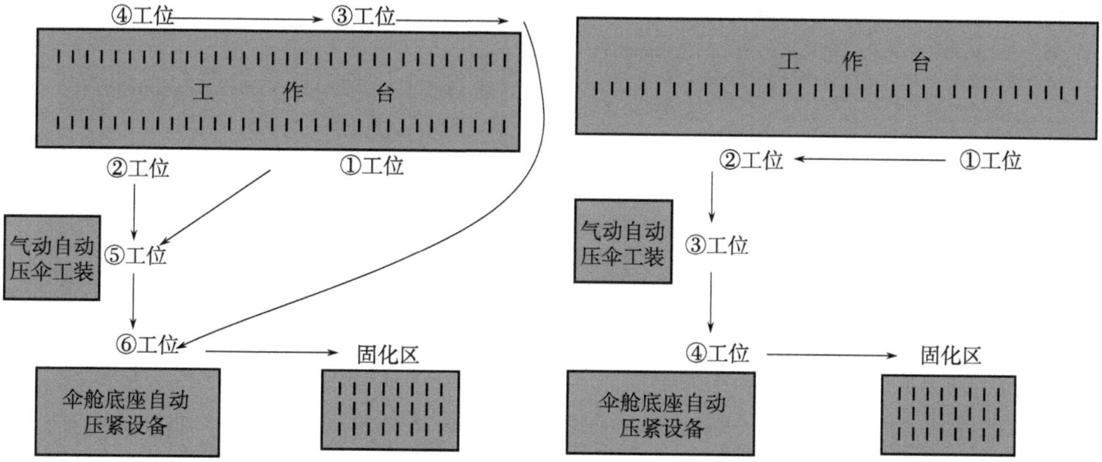

图 12-18 伞舱生产布局改善（左：改善前，右：改善后）

期，减少无效行程，提高 WR－98 着陆系统生产装配效率 14.2%，日产量从原来的日产 350 件增加至 400 件。自动化压紧设备和气动压伞工装的使用率由之前的 50%提升到 100%，两台设备完全串联使用形成流水线生产装配，提高了生产效率，提高了装配要求，保证了产品质量。

并且，班组通过岗位轮换和培养“多面手”，提高快速反应能力。为适应产品多型号、快速交付的特点，通过岗位轮换和培养“一专多能”操作工，经培训合格后作为生产后备力量，在需要时可以快速转换角色。采取“集中技能培训＋学习交流”的模式，在工厂、车间技能培训的基础上，将各个岗位上操作要点和技术要求扩展到每一个组员，确保学习和掌握各个工序的专业技能，提升协作能力。通过这样的方式，当出现应急任务需要抽调人员时，可以做到不影响班组生产任务的同时，还保证了重点保障任务的进行。

第13章　新技术应用实践

航天企业在新技术应用实践方面，通过引入智能制造技术，如：工业机器人和3D打印技术，以提高生产效率和产品质量。工业机器人可以在生产线上执行繁重、危险的任务，提高生产效率和减少人为错误。如：武汉市的航天科工空间工程发展有限公司，2021年5月，建成我国首条小卫星智能生产线，实现了不同产品的柔性共线生产，可以同时执行多个不同型号卫星的组装、集成、测试等生产任务，单星生产周期缩短80%以上。而3D打印技术可以加速产品设计和制造过程，减少生产成本和提高制造复杂性。如：2019年，美国太空探索技术公司（Rocket Lab）开发了一种3D打印火箭，被视为推动低成本太空旅行的重要里程碑。

此外，航天企业也借助数字孪生技术，建立产品数字孪生全生命周期数据中心，实现产品设计、生产、使用和维护的全面监测和优化，以更好地掌握产品的全生命周期信息，提高产品的设计质量和生产效率，同时降低维护成本和风险。

总之，航天企业在新技术应用实践中可以通过引入智能制造技术、数字孪生技术等手段，实现数字化转型和智能化生产，提高企业的竞争力和可持续发展能力。其具体实践情况介绍如下。

13.1　基于TC系统的图纸无纸化会签和三维模型

（1）现状及问题

传统的图纸会签流程低效而拖延，导致审批耗时长、项目进度受阻。大量纸质文件管理困难，容易出现文件遗失或损坏等问题，影响了信息的完整性和可靠性。此外，航天项目涉及国家重要机密和核心技术，数据安全和保密要求极高，而传统会签方式存在数据泄露和篡改的风险。同时，追溯和审核过程也面临困难，缺乏完整的审批路径和可靠的审核证据。最后，航天企业也需要符合环保和节能要求，而传统的大量纸张使用与墨水消耗不符合环保理念。

（2）解决措施

为解决上述难题，我国航天领域企业采纳了无纸化会签系统。该系统能大幅提升作业效率，加快审批速度，保障项目进度及时交付。通过把纸质资料转化为电子形式，有效克服了文件管理的难题，实现了时间和资源的节约。此外，系统强化了数据安全与保密措施，满足了国家对关键机密及核心技术保护的要求。同时，它能够记录详尽的审批轨迹，确保审批的可追溯性与可靠性，降低信息不对称的风险。具体的构建原则及实施方法阐述如下。

基于 TC 数据工程系统平台，设计师将三维模型及图纸上传，并发起审核流程，如图 13-1 所示。系统将审核任务发送至各节点审核责任人，流程审核人员接收到审核任务后，审阅图纸内容，若有问题可对图纸进行批注。审核人员根据审阅结果对审核任务进行“批准”或者“拒绝”，若选择“批准”，系统将流程发送给下一节点审核人；若选择“拒绝”，系统将流程打回流程发起人，发起人可通过查看批注对图纸进行修改，修改完成后再次对图纸发起审批流程，直至所有流程审批通过。系统会将各节点审核人的名字和会签日期记录在图纸中，待审批流程中所有节点均审批通过，系统将三维模型和图纸在 TC 电子数据库中发布归档。

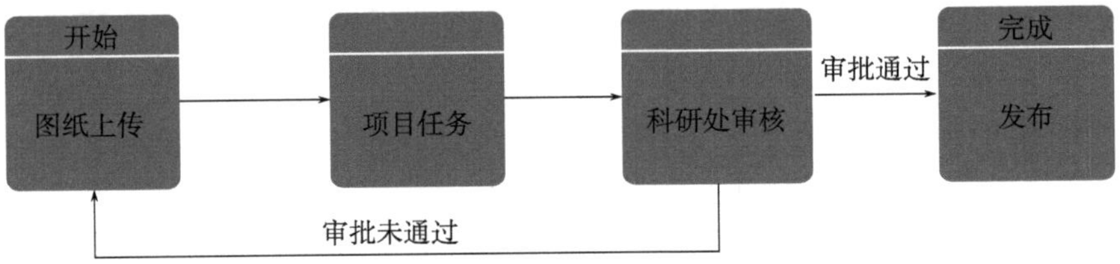

图 13-1　项目任务流程图

(3) 基于 TC 系统的图纸无纸化会签和三维模型实施效果

1) 原本方案规定将设计图转化为纸质形式，递送至生产车间，由技术人员及审核相关人员对该文件进行审核并签名。该程序不仅流程复杂，且往往因为频繁地修正与重印而耗费大量时间与资源。但如今，得益于数字化的进步，利用图纸“电子化审批”方式使整个审核流程能在企业内部网络平台上顺利完成，大幅削减了传递时间，显著提升了工作效率。

2) 在工厂生产环境中纳入三维模型，使得技术人员能够在 TC 系统中直接审视三维构造与设计图纸，不仅提升了技术流程的直观性，还有助于准确把握产品的技术规格，有效减少了后续加工阶段可能出现的失误。

13.2　自动插棒装备系统

在“十四五”期间，随着航天装备产能需求的显著增长，预制体作为首要工序和关键制备环节，其高度的稳定性和可靠性等特性对制备过程的自动化程度提出了新的要求。

(1) 现状及问题

碳纤维预制体结构及成型工艺对 C/C 复合材料的力学性能及抗烧蚀性能具有直接影响。美国、法国和日本等国家已经成功实现了火箭发动机关键件预制体的成型技术，并已将其应用于实际生产中，技术已经成熟。然而，43 所虽然逐步实现了水平纤维的自动化编织，但 Z 向插植仍然采用手工插放方式进行。

预制体结构细密，制作 1 件中等规格的预制体插棒需要约 2 人耗费 4 小时才能完成。目前，我们的日产量约为 3 件，但要完成这个生产任务，需要两人耗费 12 小时。此外，漏棒的检查只能通过人工逐个进行，效率低下，严重制约了预制体成型效率。

(2) 原因分析及难点

目前，产品生产中的碳棒长度变化范围广，而直径较小，单件制品中碳棒数量甚至可高达数万根。因此，插棒方式的选择对生产效率具有重要影响。在工艺方面，由于碳棒长径比大、平直度波动以及高密集分布等因素的存在，实现快速自动插植存在一定的难度。其中，充分考虑插棒过程中碳棒与碳棒之间以及碳棒与孔位的互相干涉是快速自动插植技术的关键环节。因此，解决大长径比碳棒快速插植技术是实现自动化插棒的关键环节；另外，根据编织工装的形状规格，设计不同结构形式的上料装置以保证振动插棒的工作效率也是自动插棒的难点；在自动插棒工艺中，不允许出现漏棒现象，因此，自动插棒的又一难点是首轮次插棒结束后漏插碳棒的补插。

(3) 解决方案、措施

该自动插棒装备主要采用振动原理与视觉识别系统相结合的方式来实现碳棒的自动化插植。其目标是对当前生产过程中的落后手工操作工艺进行自动化升级和改造。通过控制系统和软件集成等手段，与插棒设备、视觉系统等进行快速插棒一体化操作与控制。目前的编织过程主要是通过人工作业来完成。其作业流程通常包括以下步骤：

1) 准备工装。

2) 安装工装。

3) 碳棒筛查。依靠人工进行。

4) 插棒。

4) 插入情况确认。

6) 第一次补插。当某一区域出现大量漏插情况时，按照前述第 4 步，进行补插。重复第 5 步，当判定只有少量漏插情况时，插棒结束。

7) 余棒收集。人工收集多余碳棒。

8) 梳棒。因碳棒不可能完全笔直，无法有效保证碳棒准确坐落在对应的盲孔上，需进行人工梳棒。

9) 第二次补插。对依然存在的少量漏插孔，人工进行第二次补插，直至全部插满为止。

10) 工作结束。根据上述对手工操作流程的梳理，明确并转换为自动插棒工作流程，如图 13-2 所示。

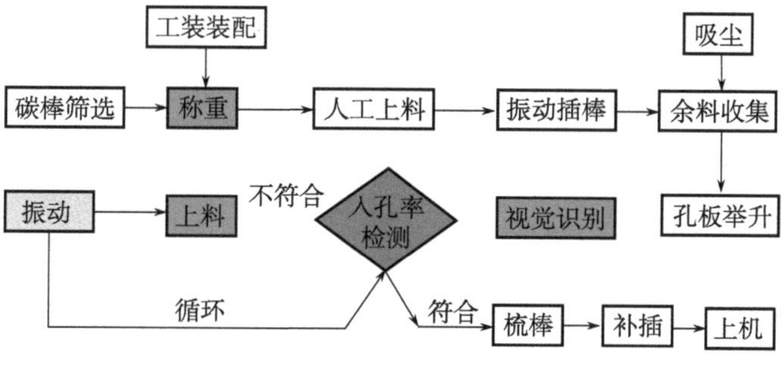

图 13-2　自动插棒工作流程

(4) 自动插棒装备系统建设过程

机构组成：设备主要由一次上料筒、二次上料筒、机架、编织孔板、涡轮蜗杆升降机构、旋转机构、锁紧机构、梳料板、检测机构等组成，如图 13-3 所示。通过电机组带动底板实现工件振动。

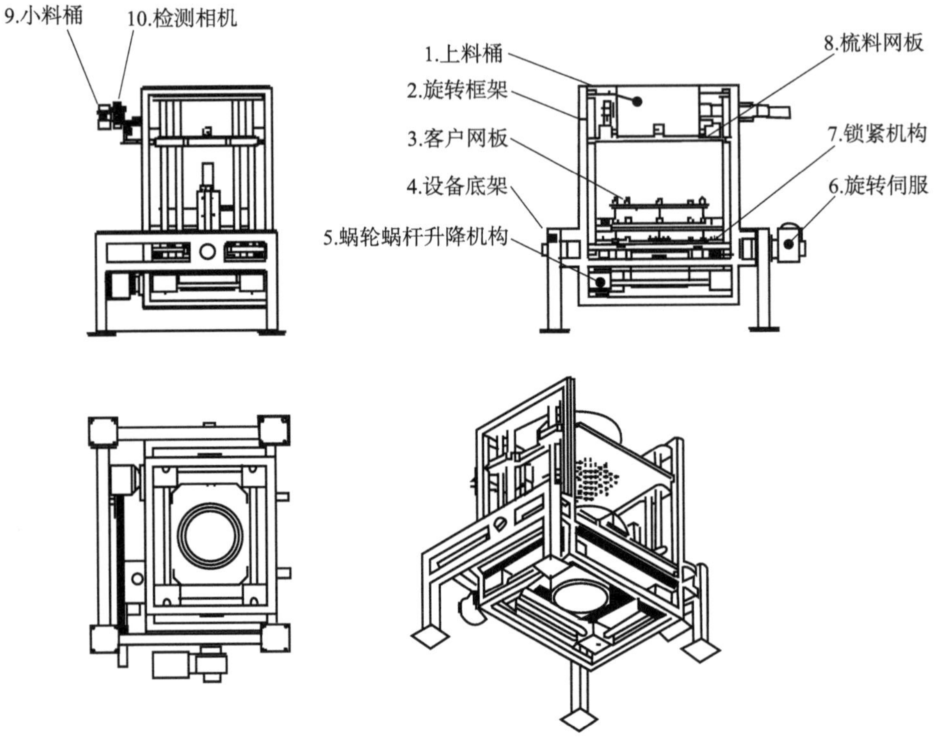

图 13-3 自动插棒装置机构组成示意图

原理及工作流程：传感器检测到物料到位后，将信号发送至 PLC 进行控制。随后，PLC 指令振动装置带动孔板进行横向和纵向的振动。此时，储料仓中的碳棒会因振动而落料，并随着孔板的振动进入相应的孔位。当上孔板上升时，视觉检测系统会检测缺棒的孔位并显示其定位。振动装置在二次插棒补孔的过程中，筛料板会上升以筛除多余的碳棒，并将余料整理码放，从而完成整个插棒流程。工作流程示意如图 13-4 所示。

(5) 自动插棒装备系统效果评价

自动插棒装备系统建设实现了从原材料到半成品预制体的自动化生产过程，提高预制体自动化生产能力。打通预制体全流程自动化生产瓶颈，并进一步提升关键部件的质量可靠性，提升碳/碳复合材料的制备水平，为后续生产研制奠定基础。项目实施后，显著提高了插棒效率：

1) 改进前：单件制品 2 人 4 h 完成；改进后：单件制品提高 1 人 1 h 内完成，每天节约人力 5 人次；

2) 一次插棒完成率≥90%，二次插棒率 100%；

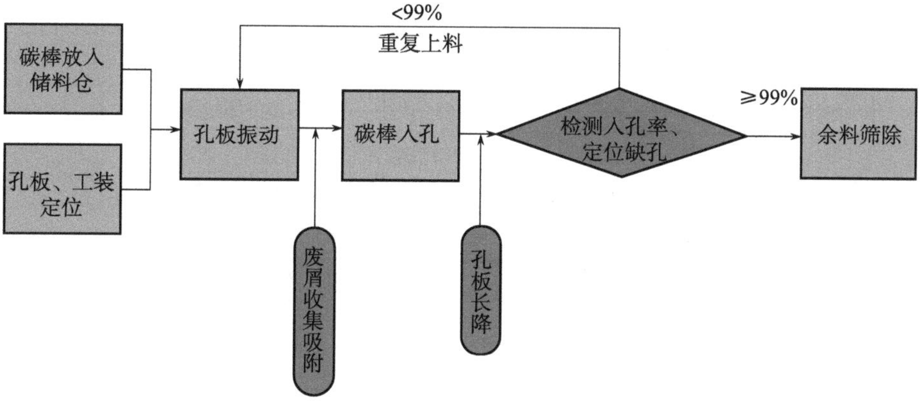

图 13－4　自动插棒装置工作流程示意图

3）插棒效率：≥40 000 根/h；

4）插棒效率提高：≥80%；（单人单件 8 h 提高至单人单件 1 h）

5）噪音：≤60 分贝；（现场测试振动状态下 54 分贝）

6）通过视觉自动识别技术，进一步提高工艺过程及检测的一致性、可靠性；

7）经济效益：根据生产任务情况，分别计算改进前后成本情况，经过经济效益分析，年节约成本 74 万余元。

13.3　多组分树脂自动配胶

当前，在树脂胶液制备过程中，手工配制方法仍被广泛采用，导致胶液配制效率低下，操作人员劳动强度大。为了解决这一问题，我们研发了一种自动配胶装置，这是一种快速精准的树脂自动配制设备。该设备综合运用了机械、电气控制、通信、软件等先进控制技术，能够实现复合材料壳体缠绕成型用多组分树脂体系的自动化配制、工艺过程的全流程控制以及工艺参数的自动化采集与管理。

（1）实施过程

多组分树脂自动配胶装置融合了自动上料、精密计量、高效搅拌、安全温控等自动化控制技术，将树脂胶液的配制过程从手工操作转变为全自动化操作。该装置具备高精度的控制能力，可长时间连续工作，具有良好的重复性。操作简便，仅需一键即可完成胶液配制，极大地提高了胶液配制的效率，并显著提升了胶液质量的稳定性。图 13－5 为多组分树脂自动配胶装置实施流程，图 13－6 为自动配胶设备示意图。

（2）实施效果

经济效益提升：

1）配胶效率：可实现 4 桶胶液连续配制，效率提升了 4 倍；

2）人员需求：由原来的 1 台缠绕机每班 2 人，减少为 4 台缠绕机每班 1 人；

3）人员操作安全性：操作人员只需进行监督确认，无须再接触和呼吸挥发性化学品，

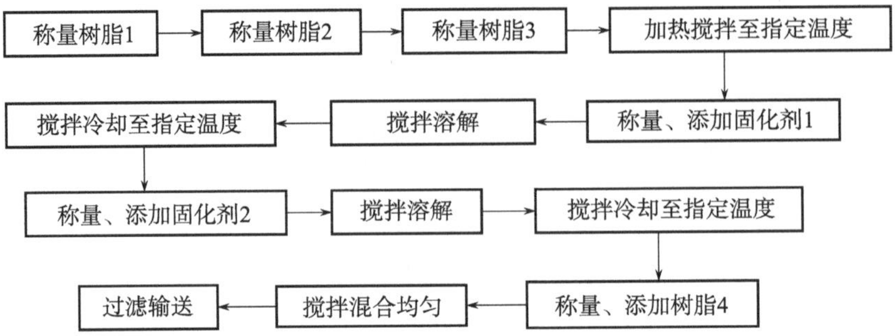

图 13-5　实施流程

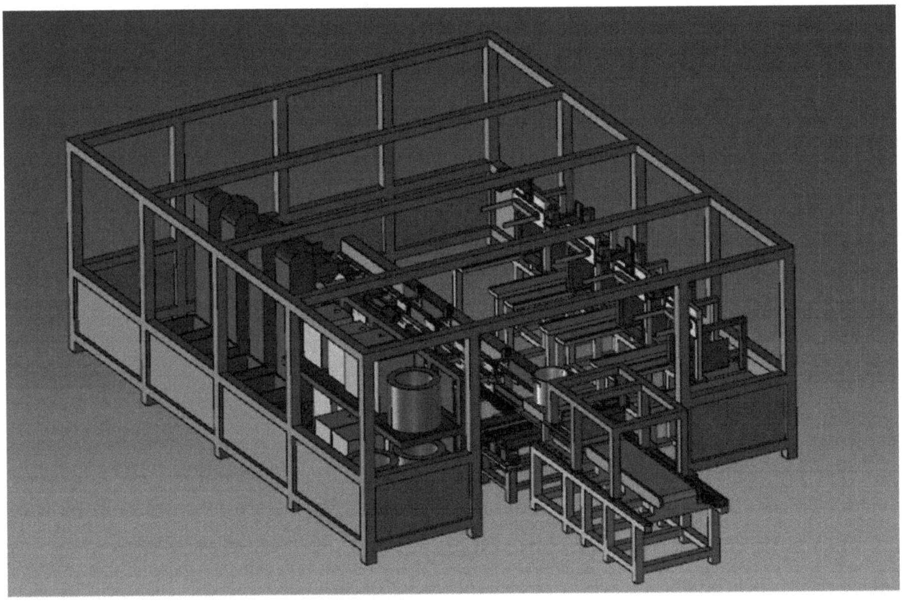

图 13-6　自动配胶设备示意图

解放了人力，节省了体力，提高了安全性。

质量效益提升：

1）采用自动配胶设备，可以避免人工配制环节的操作误差或工步遗漏，杜绝了胶液配制错误的质量隐患；

2）可实现树脂胶液组分重量、温度及时间的精确控制，提高胶液的质量一致性，消除壳体质量隐患。

社会效益提升：

1）该技术的成功应用，革新了树脂胶液自动配制领域的技术空白，已推广应用于多个型号发动机复合材料壳体的研制中。

2）该技术对于其他化工、医药等行业的物料自动化配制领域也具有极强的借鉴和应用价值。

13.4　航天制造产品质量数据管理系统构建及应用

（1）现状及问题

在航天生产任务日益增多的大背景下，现行数据生成与传递管理系统逐渐暴露出若干缺陷，诸如数据生成之效率不彰、错误率偏高且不易被侦测。当涉及大规模数据处理时，现行的体系或许难以满足不断增长的需求，进而导致生产效能下降、错误率增高。这些缺陷不仅对生产效率构成了影响，还可能对产品的品质和成本带来不利后果。为此，亟须采纳并实施切实有效的策略，对现行的数据生成与传递管理体系进行优化升级，从而提升数据处理效率、减少错误发生率，确保生产流程的无缝对接。

（2）解决措施

以第 13 研究所为牵引，开展了产品电子数据包项目的建设工作，经过一年多的理论研究和实践探索，研发了适用于发动机型号的“质量数据管理系统”，该系统分层设计，可快速解析和入库质量数据、自动提取、统计分析、可视化数据、生成评审材料和证明书并支持一键打印，还能自动生成质量分析报告，无疑极大地减轻了质量人员和设计师的工作负担，提高了工作效率。质量数据管理系统如图 13 - 7 所示。

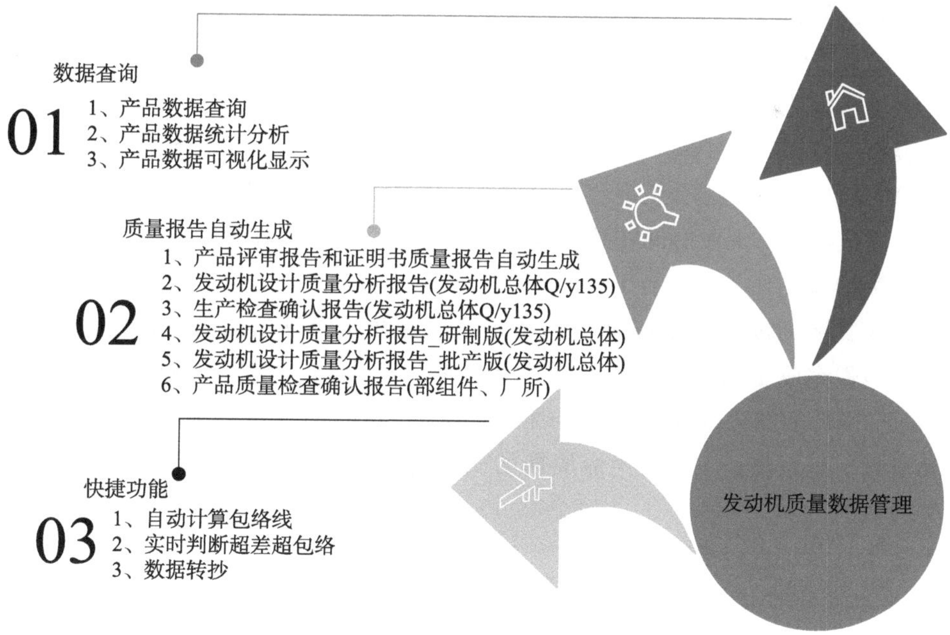

图 13 - 7　质量数据管理系统

（3）产品质量数据管理系统实施效果

项目一期实现了型号产品质量证明书和评审报告的“一键输入、一键生成、一键打印”功能，完成了数据一次输入全公司信息共享的目标，切实解决了产品数据流转过程中重复输入的问题。

项目二期完成了“设计检查确认表、产品验收表、设计关键特性表”等100个表单的梳理，实现了表单数据自动抓取、报告文字内容可编辑等功能，具备了报告的自动生成功能。自系统在型号产品中应用以来，已建立百余个产品目录，完成两千余台数据输入，较以往可节约大概50%的工时，一批产品可节约质量管理人员90%的工时，同时降低数据传递和转抄过程中的出错率，有效提高了设计的智能化水平，为反映产品的全寿命周期过程、评价其性能及质量状态打下坚实的基础。

质量数据管理系统在实现自动生成报告、自动抓取数据的基础上，还实现了快速统计分析产品数据并可视化展示及导出的功能。以批次生产过程中对产品的过程控制为例，通过系统查询产品各项性能数据实测值动态曲线，便能够直观地显示批次生产中产品质量的波动变化，实时判断批次生产过程是否出现异常。

后续，还将继续强化顶层策划，发挥第13研究所的系统牵引作用，持续推进数字质量建设工作，为更好地支撑企业质量管控数字化转型、科研生产任务高质量完成和推动全面形成“三高”发展模式蓄满强劲“动力源”。

13.5 航天制造质量信息化系统建设

（1）现状及问题

近年来随着产品研制生产节奏越来越快，除了一线操作人员任务繁重外，质量管理部门加班加点填写检验卡、编制产品评审报告也成为常态。一份评审报告的生成需要经历编制检验卡模板—打印纸质检验卡—逐个工序下发检验卡—检验人员根据检验卡检测产品—检验人员填写检验数据—逐个工序收回检验卡—整理产品质量相关材料—录入检验数据及测试数据—完成报告，大量时间花费在评审报告的前期准备工作上。

（2）解决措施

为了加快数字化转型，第17研究所梳理了产品质量管理的问题，并进行了数字化研究与实践。他们完成了相关的方案，如产品检验卡数据格式与标准模板、型号产品结构BOM、工业PAD便捷化升级等，并实现了质量数据信息与上级机关的互联互通。同时建立了产品质量信息系统，实现全生命周期的质量信息数据收集和管理，降低了管理成本，提高了管理效能。

①质量信息系统内容的实施

1）质量数据标准化模型建立。建立数据标准化模型前，根据实际业务情况以及数据存储管理要求对数据的层级、关联字段、存储结构进行分析。以航天产品特点，将检验数据层级分为配套表、检验卡、检验结果三层，以产品台份信息为关联字段，存储结构如图13-8所示。

2）质量数据收集。数据收集是质量信息系统的基础，高效、准确地完成质量数据收集，且不影响现场工作效率，是实施质量数据一体化管理的难点问题。针对质量数据具有多专业、多场景的特点，依据各检测车间/科室业务特点及数据管理方式，制定针对性的

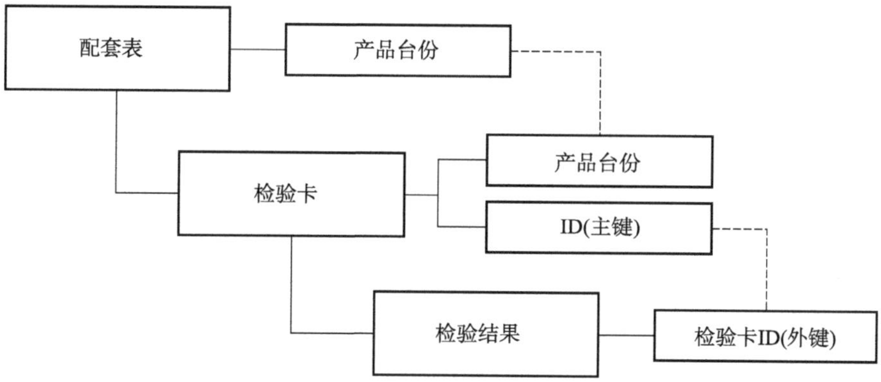

图 13－8　检验数据结构

数据收集方案，以确保执行效果。

一是现场填报数据收集。填报数据是以现有的数据收集模式为蓝本，借助信息化技术，对现场记录模板进行电子化改造。借助现场便携式录入终端，通过电子化录入的方式，实现对现场质量数据的填报收集。为满足质量数据的结构化存储要求，填报数据收集方案分记录模板配置、数据录入两个步骤实现。

二是设备采集数据收集。随着检验检测设备自动化、智能化的发展，已在部分检验检测场景引进自动测试设备，且具有逐渐增多的趋势。针对自动测试设备，利用物联网技术，通过设备提供的数据接口采用数据采集的方式获取设备产生的测试数据，并利用数据模型对数据进行标准的结构化整合存储，实现对质量数据的收集。

②质量数据管理

质量数据的管理遵循质量管理体系，以质量管理制度为基础，结合质量信息系统思想，建立对质量数据的分级负责、全局管控制度，以遵循质量管理体系为前提，实现一体化管控。

一是分级审核管理。以质量管理责任制度为基础，通过信息化技术，建立线上的分级审核制度。针对不同的生产检测阶段，制定特化的数据审核流程，明确管理责任，确保质量数据的有效性、合规性。

二是数据变更管理。数据变更时质量管理实践过程中遇到的不可避免的问题，如何保证变更的合规、可控是质量数据管控的难点。根据数据管理原则，数据变更应以发生变更的源数据为开端，对传递链路中的各节点数据同步进行变更，同时各节点数据责任人应对变更有知悉、审核责任，针对数据的变更历史，有清晰的、可追溯的管理脉络，确保数据变更合规可控。

三是数据权限管理。数据权限是质量数据安全管控的主要手段，根据质量管理实践中的数据安全规定，结合数据共享需求，建立以部门、角色、用户为依托的三层权限管理体系，从展示页面/功能层、数据应用层两个方面对质量数据的浏览、导出、编辑权限进行控制，确保质量数据的安全性。根据数据管辖范围和共享需求，通过对部门、角色、用户三类对象可使用的数据页面、功能进行规划并设定，实现从页面/功能方面的数据权限管理。

③质量数据应用

根据质量管理实践中质量数据应用场景，基于一体化管理的质量数据，建立符合应用场景的数据应用信息化工具，采用可视化、自动化、智能化的方式提升数据的应用效率。

一是数据检索。完善的数据检索体系是实现数据共享的基础，通过配置化的数据展示页面开发工具，依据不同的数据应用场景，基于质量数据标准化模型自主配置，形成个性化的数据检索页面。

二是报告生成。报告的编制和管理是质量管理过程中的重要环节，在质量管理实践中，报告作为质量数据的载体，需依据管理体系要求严格管控。在报告管理方面，利用信息化技术，实现报告的编制过程的自动化，报告审核过程的电子化，提升报告管理水平。利用规范化整理的报告格式，通过建立格式中质量数据与数据模型间的关联关系，形成具备数据关系的结构化报告模板。基于结构化的报告模板，通过模型数据检索获取报告数据，并与定义的报告格式进行合并，实现报告生成的自动化。

三是数据统计。针对质量数据进行的统计，是缺陷分析、质量改进的依据。利用一体化管理的质量数据，根据不同的数据统计需求场景，建立针对性的数据统计工具，实现对质量数据的自动化统计。数据统计工具利用质量数据标准化模型建立，通过前端拖拽式控件，结合预设的数据可视化图表工具，依据数据统计需求场景，自主定义数据统计维度、变量信息，形成具有场景针对性的数据可视化统计页面。

四是数据分析。利用一体化存储的质量数据，通过数据分析应用制定适应不同分析场景的数据分析算法，实现对质量数据的分析挖掘，为质量改进、质量决策提供依据。数据分析工具可通过图形化、表格化的方式对分析结果进行展示，数据分析算法依据不同的数据分析场景进行预设，利用质量数据标准化模型，对一体化存储的质量数据进行关联性提取，实现针对某一分析场景的质量数据分析。

五是包络分析。成功数据包络分析是质量管理过程中解决产品系统性质量隐患，实施改进，降低损失的有效方法。根据质量管理实践，结合 GB/T 37708—2019《质量管理 产品成功数据包络分析指南》，利用信息化技术建立快速、可追溯的包络分析应用。

六是质量追溯。质量追溯作为质量数据管理的核心目标，通过深入研究产品在整个生命周期中各组成部分之间的相互关系，从而构建出详尽的血缘图谱。在此基础上，通过图形化的数据分析方法，实现对产品层级、制造流程等多个维度的质量追溯分析。

（3）质量信息系统实施效果

质量信息系统的实施效果主要体现在以下四个方面：

一是提升数据的精确度与可信度。通过汇总来自各个质量检测环节的信息，可以有效避免重复输入的错误以及在数据传递过程中可能出现的失误。此外，采用统一标准的质量数据模型，可以增强数据间的协调性和对比性，从而为决策提供更为精确和可信的数据信息。

二是提高数据的及时性和实时性。传统的质量数据收集和报告工作通常需要耗费大量时间和人力物力资源，导致数据更新缓慢且滞后。然而，通过信息化手段，实现了质量数据的高效收集和实时监控，可以让质量问题在初期就能够被发现并处理，从而有效降低潜在风险。

三是提高数据的可视化和分析能力。可以通过使用图表、仪表盘等数据可视化手段，使质量数据展现得更加直观。通过对数据进一步地剖析与挖掘，管理者可以从复杂的质量数据中提取出有价值的信息，并识别潜在问题，从而帮助企业做出精准决策，并优化生产过程和产品设计。

四是促进质量管理的持续改进。可以快速识别和深入分析质量问题，并实施针对性的优化措施。这不仅有助于质量管理体系的建设和完善，还可以提升质量管理的效率。同时，对质量数据的持续改进，有助于不断优化质量效果，从而有效提高产品质量水平。

综上所述，在航天产品质量管理过程中，质量信息系统的部署发挥着重要作用。该系统通过增强数据精确度与可信度、及时性与可视化与分析能力，为管理者把控产品质量提供了有力的支持。此外，它还推动了质量管理的不断进步，为管理层决策提供辅助，从而实现质量管理体系的最优化和精益化管理目标。

第14章　班组文化实践

14.1　班组文化概述

14.1.1　定义与内涵

班组文化是班组成员共同认同和遵守的一套价值观、行为规范及其所处的工作氛围。它为成员的协作与创新提供坚实基础，同时加强团队内的归属感与凝聚力。坚定秉持和弘扬班组文化，对更好地组织和管理班组活动至关重要，从而提升工作品质和班组成员的向心力。此外，明确的班组文化有助于消除误解、减少冲突，确保全体成员同心同德，共同奋斗，实现目标。

在航天产业中，班组的研发与制造工作必须达到企业极为严格的安全质量标准。为此，班组成员自身需要具备强烈的自我效能感，不断在技术上进行革新和提升，以应对任务的复杂性和风险。同时，建设班组文化对于促进成员间协作和提高班组效能也同样至关重要。并且，文化是建立在共享价值观和行为规范之上的，有助于塑造共同身份，增强凝聚力和归属感，并激发成员间的交流与合作热情。这为航天任务的圆满完成奠定了坚实的基础。

因此，航天企业需制定一套严谨的价值观与行为准则，以确保团队成员保持专业、尽责和高效。同时，还应强化成员间的紧密合作，共同面对问题与挑战。通过营造一种积极进取、团结互助的工作环境，航天企业能够增强团队的凝聚力与执行力，确保顺利完成航天任务。

14.1.2　文化形成

班组成员共同孕育的精神资产形成了班组文化。这种文化的特质来自成员的组成、承担的使命以及所处的特定环境。随着成员之间持续的沟通、协作和经验的积累，共同的价值观和行为准则逐渐形成，从而塑造了独特的班组文化。

班组文化的塑造是一个循序渐进的过程，不可能一蹴而就。在起初阶段，班组成员往往倾向于依赖自身的习惯与经验进行独立操作。但随着岁月的流转，他们开始深刻理解到团队协作与统一规范的价值，这种觉醒催生了一个和谐且高效的工作氛围。

班组文化是在企业文化熏陶、企业任务引领以及工作环境作用下形成的。它的核心价值观为班组成员的行为和价值观提供了方向性的指引。这些积极的特质在日常行为中得到体现和传承，是塑造并确保班组文化延续性的关键因素。作为企业文化的一个重要组成部分，班组文化与之相辅相成，共同促进发展。班组的独特品质和文化模式反映了集体的特性，其衍生的文化是团队成员共同努力的成果。

14.2　班组文化与班组效能关系

班组效能体现了班组完成任务、达成目标的效率与程度。提升班组效能是塑造班组文化的核心目标，也是评估文化成效的重要标准。当班组成员共同努力，遵循一致的行为规范，并有效协作时，工作质量和效率都会显著提高。班组文化的塑造与效能的提升紧密相关，成员们共享相似的价值观和规范，可以迅速达成共识，促进团队的无缝合作。这不但优化了工作分配，减少了内部消耗，还提高了工作效率。班组成员间的相互信任和支持是推动班组效能向更高水平发展的强大动力。在面对问题和挑战时，相互支持和倾听有助于快速制定解决方案，从而提高班组的整体效能。

在我国航天领域，班组文化建设能够较好地促进班组效能的提升。由于航天产品的研制任务具有高技术和复杂性的要求，班组成员需要保持紧密的协同和高效的交流。例如，在卫星开发过程中，设计师、工程师和技术员需频繁互动，以确保各组件及系统的兼容性和稳定性。因此，班组文化与效能之间存在着相互促进的关系。班组成员需要通过不断的交流合作与经验积累，逐步形成统一的价值观和行动准则，从而促进班组效能的提高。并且，塑造班组文化是一个持续的过程，需要成员不断探索与适应。企业应加大投入资源于文化建设，积极培育和推广核心价值观与行为规范，以实现班组成员更加高效的合作与创新。

14.3　班组文化对班组效能的影响维度分析

班组文化对航天企业班组效能具有重要的影响，可以提升成员的行动效能和团队合作能力，增强班组的稳定性、效率和绩效。班组文化直接影响班组的绩效，良好的文化氛围和价值观有助于提高员工行动效能，进而增强班组的执行力和生产效能。班组文化对班组效能的影响维度分析如表 14－1 所示。

表 14－1　班组文化影响作用

<table>
<tr><th>作用</th><th>含义</th><th>具体影响</th></tr>
<tr><td>行为表现</td><td>班组文化塑造了成员的态度和行为方式，影响他们如何与他人合作、处理问题以及对工作的投入程度</td><td rowspan="3">良好的班组文化可以提升班组成员效能。如班组文化强调团队合作和共同目标，成员则会更积极参与合作并以团队利益为重</td></tr>
<tr><td>共同认同</td><td>积极健康的组织文化有助于创造成员间的共同认同感和团队凝聚力，增强班组的稳定性和效率</td></tr>
<tr><td>目标一致性</td><td>共享的班组文化使成员更一致地追求共同目标，减少内部冲突和分歧，提高班组的效率和效能</td></tr>
<tr><td>企业形象</td><td>班组文化是企业形象的重要组成部分，有助于形成独特的品牌和特色</td><td>良好的班组文化能够塑造企业形象，提升企业在航天领域的知名度和声誉</td></tr>
<tr><td>员工行为规范</td><td>班组文化规定了成员的行为准则，影响其在工作中的表现、态度和决策</td><td>良好的班组文化能够促使成员遵守规范并展现出符合组织价值观的行为</td></tr>
</table>

续表

作用	含义	具体影响
决策模式	班组文化影响成员的决策方式和优先级，从而影响班组应对问题和挑战的效率和效果	良好的班组文化能够培养成员的创新意识和适应能力，并指导成员做出合理的决策
创新与适应性	积极开放的班组文化激发成员的创新意识和适应能力，使班组更好地应对变化和挑战，提高班组的效能和适应性	
员工满意度与离职率	积极的班组文化提高员工的满意度，减少离职率，保持班组的稳定性和连续性	员工满意度的提升能够增强员工的工作动力和投入程度，从而提高班组的效能

14.4　典型案例——航天企业班组文化建设实践

中国航天企业包括科研类班组、生产类班组、保障类班组、经管类班组，班组文化建设在贯穿集团文化和航天企业文化及“工厂（研究所）、车间（研究室）”文化的一致性和特色性方面，在基于岗位特征的差异性班组文化建设定位方面，以及文化建设实施策略中都形成了自己的特色和经验，良好的班组文化在发展中也得到了继承和创新，有效支撑了班组效能提升。

14.4.1　强调“核心一致、具有个性”的班组文化建设宗旨

班组文化建设和企业文化建设既存在着共性，又有着多样性。共性在于共享核心价值观和一致的组织目标，这是确保整个组织在统一方向前进的基础。多样性在于独特的文化氛围、地域行业特点和个性化的团队特点，这使得每个班组都能根据自身特点形成独特的文化风格。这种共性和多样性相互结合，为企业的整体发展和班组的高效运作提供了有益的支持。航天企业对于各级单位的文化建设重点，在于“内容上高度统一，方式上各有特色”，允许班组结合自身工作性质和经营特点，有针对性、有特色的开展班组文化建设。

（1）确定班组文化建设的目标与原则

在构建过程中，班组文化与企业文化之间呈现出一种既融合统一又包容多样的复合特质。具体到航天企业在塑造班组文化时需关注的要点，可归纳为以下 4 个方面：

1）共享核心价值观：班组文化和企业文化都建立在共同信奉的核心价值观念之上。这些价值观念是组织发展的血脉，渗透于企业的使命、愿景以及行为准则之中，并构成精神内核。价值观念不仅塑造了班组文化的标准，还确保了与行为规范的一致。

2）一致的组织目标：班组文化建设应与企业的整体发展目标保持高度一致。在追求自身目标的过程中，班组需要紧密围绕企业的战略方向开展工作。

3）独特的文化氛围：由于工作环境、班组成员结构和任务特点的不同，各班组展现出独特的文化特质。

4）基于地域和行业的多样性：企业在不同的地域和多样的行业环境中展开经营活动。这种跨地域和行业的经营特性，会对企业文化以及班组文化的建设产生不可避免的影响。

这使得企业文化和班组文化展现出丰富多彩的特性。

（2）构建从集团到班组的一致性文化体系

1）航天文化与航天精神。中国航天文化是在航天事业 60 多年的发展中孕育产生的，是中华优秀文化的组成部分。航天精神充分体现了航天人热爱祖国、为国争光的坚定信念，勇于登攀、敢于超越的进取意识，科学求实、严肃认真的工作作风，同舟共济、团结协作的大局意识，淡泊名利、默默奉献的崇高品质。

2）航天企业文化与航天精神。航天企业和航天企业人是航天精神完整的创造者和忠实实践者，航天企业人历经艰苦卓绝的创业征程，用智慧、汗水甚至生命创造了中国航天史上的一个又一个第一。进入新时代，航天企业又与时俱进地将责任、创新、精诚、感恩作为企业文化的支柱，提出了建设使命担当、创新驱动、活力高效、和谐美丽新航天企业的奋斗目标。以实现“共赢共享”为方针的新时期航天特色文化体系，通过“四位一体”的思想政治工作格局努力将特色文化理念落细、落小、落实，使之成为全体员工的共同价值追求、日常行为习惯和基本文化素养，为推动航天事业发展注入了强大的精神动力。

3）“工厂（研究所）”文化。以航天第 12 研究所为例，其成立于 1965 年，是我国最早成立、最具规模和实力的推进剂核心专业研究所，拥有唯一行业内科技重点实验室。主要承担导弹武器、宇航产品、相关领域民用产品的基础研究、应用研究和工程研制。先后为我国多种武器装备、“神舟”载人飞船、“飞天”舱外航天服等提供了优良的技术和产品，专业技术水平处于国际先进、国内领先地位。在航天动力的专业领域中，该所把建设国内领先、国际一流的推进剂研究作为发展目标，把自信自强、无私无畏、敢想敢为、尽善尽美作为工作精神，促进了航天 12 研究所的良好发展。

4）班组文化。以 12 研究所某生产班组为例，其班组文化的目标定位以工艺技术创新，推动实现所有危险岗位的远程隔离操作，努力将班组建设为全国首个实现自动化、智能化的一级重点危险岗位，以保障产品质量，助力配方研制为班组使命，正是这样的班组文化，使得该班组实现了航天推进剂配方零的突破，让新一代推进剂有了燃烧的力量。

可以看出，航天企业的班组文化是从航天精神一路贯穿而下，是航天文化、航天精神不断深入、具体的表现和实现过程。航天领域各层级企业文化归纳为表 14－2 所示。

表 14－2　各级文化表述的一致性

	集团	航天企业	工厂（研究所）	班组
目标		使命担当、创新驱动、活力高效、和谐美丽	国内领先、国际一流的第 12 研究所	以工艺技术创新，推动实现所有危险岗位的远程隔离操作，努力将班组建设为全国首个实现自动化、智能化的一级重点危险岗位
使命			创人类航天文明、铸民族科技丰碑	保障产品质量，助力配方研制
精神	航天传统精神、“两弹一星”精神和载人航天精神		自信自强、无私无畏、敢想敢为、尽善尽美	攻坚克难、勇攀高峰

续表

	集团	航天企业	工厂（研究所）	班组
价值观	以国为重、以人为本、以质取信、以新图强”	责任、创新、精诚、感恩	以国为重，以人为本，以质取信、以新图强	零事故是最大的效益，安全是做好的贡献
作风			严、慎、细、实	精益求精，严谨扎实

（3）构建班组特色文化，形成多样化班组文化群

航天企业允许班组结合自身工作性质和经营特点，有针对性、有特色的开展班组文化建设，通过与班组工作效能要求的结合，丰富各级文化的内涵。各成员单位结合自己的业务特点，围绕主文化的理念、宗旨、价值观、远景等，进行业务分解。班组建设启动时，工会便提出要结合每个班组工作实际，培育建设特色鲜明的班组文化。通过开展班组长培养、建设创新型班组、建好班组园地、提炼班组精神等方式，推动“以国为重、以人为本、以质取信、以新图强”的航天核心价值观在班组的落地。正因如此，航天企业各班组的班组文化建设形成了多彩多样的班组文化“群”，如航天 16 厂的“刀锋文化”，凝练了以“抬望航天梦、俯刻匠人心”的班组理念，将工匠精神融入班组管理的方方面面。同时，还涌现出航天 17 所的“炭索文化”、航天 14 厂“尖刀文化”、航天 17 所的“亮剑文化”、33 厂的“铁军文化”等，使航天文化因子在班组中落地发芽，用文化认同激发一线员工内生动力。企业文化树是企业文化层级的形象表达，如图 14－1 所示。

图 14－1　企业文化树

14.4.2　基于岗位特征的特色班组文化定位策略

班组文化特色化的基础在于对于班组岗位特征的理解和认知。由于不同班组均具有特定的业务、职责、权限和人员组成，必然会表现出具有特定文化内涵和表现形式的班组文化。这种文化相对于集团、公司、工厂（研究所）等来说，可以是一种“子文化”，而相对于单位内部来说则是“主文化”。班组文化建设通常会根据班组的特点进行个性化定制。不同的班组可能有不同的领导风格、团队文化和团队传统，这些个性化特点能够满足班组成员的需求，提高团队凝聚力和工作效率。

（航天 17 所）D1 班组是一支专业从事航天用炭/炭、炭/陶等超高温复合材料预先研究与新技术、新产品开发的团队，是一个典型的科研类班组。该班组共有班组成员 18 人，其中博士 6 人，硕士 10 人；高级工程师占 59%，独立项目负责人占 35%，是一个高学历知识团队。该班组研制的炭/炭材料与炭/陶材料水平居国内领先水平。研制的液体发动机炭/炭密封环为我国长征五号、长征六号、长征七号首飞奠定基础；开发的月基光学望远镜承力筒随着嫦娥 3 号飞往月球。

（1）班组文化的提炼

作为一个学历高、知识面广的科研班组，班组推崇“创新易和、卓越自见”的文化理念和行为准则，这些理念及行为准则的提炼来自班组成员对于中国传统文化的深入理解和对岗位及自身使命的充分认知。

创：《广雅》创，始也。《国语·周语》创，造也。创，即为始造，就是第一个去做，是通过综合运用已有的知识、信息、技能和方法，提出新方法，新观点的思维能力。体现的是革新的意志、信心、勇气和智慧。

新：更新，使之新，革故而鼎新，新为目的，创新是科学进步的原动力。

易：书名也，其卦本伏羲所画，有交易、变易之义，故谓之《易》。改变，更改，变与不变之间，不完善的变，合理的不变。

和：《说文》和，相应也。《广雅》和，谐也。博采众家之言，集思广益，团队协作，相辅相成。

卓：《说文》卓，高也。《论语》如有所立，卓尔。精深之见地，独特之思维，不凡出真迹。

越：超越跨越，颠覆常识，突破局限，弯道超车。

自：自信心多强，能力就有多强。认识自己，突破自己，自信自强，实现自我。

见：《说文》见，视也。《广雅》见，示也。充分展示，对外交流，低头做事，特别强调创新，所以提出了以“5X”（创新、求实、学习、民主、和谐），抬头看路。

总体而言就是要做到：

破常格：革故而鼎新，创新是源动力。

广集思：博采而有益，广采众人之长。

洞明事：世事即学问，严谨细致敏锐。

(2) 文化特色与建设成果

该班组基于岗位和人员构成的特征，以和谐为名片，实行班组管理、技术管理“矩阵式”管理模式，“青年技术人员内部导师制”，加快了技术人才培养，开展“技术沙龙”“博士讲坛”等，搭建了技术创新服务平台，实行“轮值组长制”“民主组会制”等，激发了团队创新活力，有力地促进班组品牌建设与项目技术创新，先后获得中央企业青年文明号、省青年文明号、省国防工业“五一”巾帼标兵岗、省经济技术创新工程示范岗、省职工创新工作室、省国防科技工业系统十大青年创新团队、集团青年文明号、集团“六好班组”、集团金牌班组等荣誉称号。

14.4.3 不同职能定位的班组文化差异分析

不同的班组定位于不同的工作职能会对班组文化提出不同的建设目标，这也是班组文化呈现多样性的根本原因。以 D2 班组为例，该班组是一个生产保障班组，主要承担航天 17 所气瓶、小型容器、小型壳体等产品的缠绕成型、静力强度测试以及表面处理等工作，同时承担各类大型发射筒隔热层喷涂工作。班组以气瓶生产为主线，具备从气瓶内胆检测、缠绕成型、静力强度测试、喷涂表面处理、装配等，直至气瓶交付的全线生产能力。主要涉及壳体缠绕成型、静力强度测试、预浸渍成型 3 个岗位，有员工 26 人，技师以上职称 9 人，中共党员 7 人，共青团员 8 人。

气瓶静力强度测试的各项试验均为承压试验，产品要为航空、航海任务保驾护航，质量与安全责任重于泰山。该班组提出了质量管理工作以“精益求精”为目标，通过严格管理制度、细化操作规范，形成了系统的班组理念，即，爱岗敬业、诚实守信、严于律己、知行合一、规范操作、精益求精、团结友爱、共创“瓶安”；并将“严、慎、细、实、诚、勇、勤、和”作为班组的行为准则。我们可以通过对比生产类班组和科研类班组的行为准则特征，更好地看到基于岗位特征的班组文化差异性和多样性。

行为准则：

严，指工作纪律、执行力、质量要求等方面的严格要求，要求员工严格遵守规章制度，严格执行工作流程，严格控制产品质量等。

慎，指科学慎密，慎思笃行。就是要尊重客观规律，以科学的态度，慎重决策，审慎行事，确保稳妥可靠、万无一失。

细，指认真细致，精细到位。就是要从细微处入手，关注细节，一丝不苟，分秒不差，做到工作零缺陷。

实，指求真务实，脚踏实地。就是要一切从实际出发，实事求是，扎实工作，落实责任，力求实效。

诚，指忠诚事业，诚实守信。就是要忠于祖国、忠于航天事业，诚实正直，重诺守约，保持良好的职业道德。

勇，指拼搏进取，勇于奉献。就是要知难而进、顽强拼搏，献身事业、自强不息，不断创新、敢为人先，敢于正视问题、勇于承担责任。

勤，指勤奋工作，奋发有为。

和，指团结合作，和谐共进，创新易和，卓越自见。

对比前述的 D1，可以看出工作职能和定位不同的班组在工作准则的定位和描述上存在着很大的差异。

14.4.4　班组文化建设实施特点

表 14-3 展示了 D1 和 D2 班组在文化建设方面的理念差异。

表 14-3　班组文化差异性比较示例

D1	严	慎	细	实	诚	勇	勤	和
D2	创	新	卓	易	越	见	自	和

班组文化的建设和传播可以塑造一种独特的组织氛围和共同价值观，成员在这种文化氛围中形成共鸣，认同组织的目标和理念。班组文化建设鼓励成员之间的密切合作和相互信任，追求共同的目标，形成一种紧密的团队凝聚力。

(1) 突出班组文化建设内容的“生动性”

在班组文化的建设中，首先，班组可以建立一些特定的符号和仪式来强化文化建设。为了提升团队之间的团结与归属感，班组可以通过创造独特的标识、口号或格言，并举办各种独具特色的庆典活动来实现这一目标。在航天领域，各班组在塑造自身文化的过程中，都努力打造了富有创意的文化品牌。这些品牌名称不仅体现了各自岗位的特色，还易于识别和记忆，便于信息的传播。例如，航天 17 所提出的“炭索文化”，就以其易识、易联想、便于传播的特性而著称。

其次，讲述班组的成功故事和传奇，传承班组的历史和荣誉。这些文化传说和故事可以激励成员，并让他们感受到班组文化的重要性和价值。如：编织班组对于编织工艺发展的回顾及故事整理，既让每个班组成员感受到了工作中吃苦耐劳的精神内涵，也对技术进步和技术创新有了清晰的认知和感受，对于岗位创新的班组文化有了更好的认同。

再次，各班组还通过包括设计制作班组文化的礼品、物品等来有效展现和传播班组文化，提高班组文化的感知性和生动性。如：有班组设计和制作了一系列与航天相关的手办模型，其中包括航天器具、宇航员、航天标志等元素，这些手办礼物可以作为公司员工的收藏品或桌面摆设，代表他们对航天事业及班组文化的认同和自豪感。

最后，航天企业在班组特色文化的基础上，形成了“一班一品”的文化活动品牌，丰富多彩的文化活动，使职工在亲身参与其中、身体力行并自觉践行，在潜移默化中加深了对核心价值理念的理解和认同。

(2) 突出班组长在文化建设中的核心作用，并进行制度保障

航天企业在班组文化建设中特别重视班组长的关键核心作用。首先，每年由公司工会坚持开展班组长能力作风提升专项培训，针对文化管理设计多种形式的学习交流活动，评选年度优秀班组长，选出优秀代表参加国内外学习交流。同时，在班组文化建设中，对优秀班组以班组长进行班组命名，极大地提高了班组成员的岗位自豪感和认同感。这些优秀

班组长也是班组文化的创建者、践行者和传播者，如：航天企业先后涌现出了以庞某、刘某、徐某某名字命名的一批品牌示范班组，涌现出了以全国劳动模范庞某、大国工匠徐某某、中央企业劳动模范肖某为代表的一批优秀班组长。同时，公司工会加强对这些先进典型在企业内外各类媒体的宣传，营造比学赶帮超的浓厚氛围，形成了立足岗位、创先争优的良好局面。

同时，为发挥先进典型模范带头作用，公司工会开展了品牌班组与薄弱班组“结对子”共建活动，开展劳模精神、劳动精神、工匠精神主题宣讲，组织班组长到金牌班组观摩取经，邀请优秀班组长传授班组建设经验，通过这些举措，班组建设实现了以点带面、优势互补、共同提高。

经过多年的建设及提升，在班组长文化管理能力提升和优化的基础上，公司班组文化百花齐放，特色鲜明，影响力不断增强。

(3) 以新生代员工为突破口发展班组文化

航天企业的班组文化建设特别强调了以新生代员工为突破口的建设思路。在企业的发展中，新生代员工以其特有的文化取向、价值观和工作态度成为了组织发展的关键力量。新生代员工在数字化、信息化的环境中成长，注重工作的灵活性、个性化，更加强调工作与生活的平衡。他们通常更开放、更具有创新意识，对团队文化有着独到的见解。了解并善用这些特质，将成为开展班组文化建设的独特优势。新生代员工对创新有着独到的追求，以他们为核心的文化建设能够引入更多创新元素，激发全团队的创新潜能。同时，新生代员工成为团队的中坚力量，通过以他们为核心进行文化建设，有助于将文化传承下去，确保文化的延续性。

对于新生代员工，在班组文化的建设和发展中需要开展具有特色的个性化和实用性培训，以生动有趣的方式介绍和传递班组文化，确保吸引力和实效性。同时，建立导师制度，由经验丰富的老员工担任导师，与新生代员工建立紧密联系，通过导师制度使新员工更好地融入文化建设过程也是一种行之有效的实践方式。另外，通过设计和推动一些创新项目，能让新生代员工在实践中更好地体验班组文化的核心理念，激发他们的团队合作意识和创新潜力。针对新生代员工的年龄特征定期举办与班组文化相关的主题活动，以轻松愉快的方式加深新员工对文化的理解，形成文化建设的浓厚氛围。最后，设立文化分享平台和强化反馈机制，如创建一个在线平台，让新生代员工分享他们对文化的理解和看法，促进彼此交流，形成共鸣，结合反馈机制，鼓励新生代员工提出建议和意见，形成良性互动，推动文化建设的不断优化。对照 D3 的班组文化建设实践，其提出的以 5X（创新、求实、学习、民主、和谐）为名片，推进班组管理、技术管理“矩阵式”管理模式，实行“青年技术人员内部导师制”，加快了技术人才培养，开展“技术沙龙”“博士讲坛”等，搭建了技术创新服务平台，实行的“轮值组长制”“民主组会制”等，正是以上内容的生动实践。

以新生代员工为核心的班组文化建设是一个有力的策略，既能够更好地满足新员工的需求，又能够为团队文化带来新的活力。这种以新生代员工为突破口的文化建设，将使班组文化更贴近时代潮流，更具包容性和活力，为组织的可持续发展奠定坚实基础。

第4篇　效果评价篇

第 15 章　典型班组效能优化效果

15.1　班组效能评价指标选取

选取 7 项投入和 13 项产出指标，对第 13 研究所 A1 班组 2017 年至 2023 年的效能进行评价，效能评价指标数据详如表 15－1 所示。

表 15－1　第 13 研究所 A1 班组效能评价指标数据

投入指标	2017	2018	2019	2020	2021	2022	2023
研究人员(人)	4	5	5	9	10	12	11
研究人员全时当量(人年)	4.68	5.52	5.91	9.63	10.72	14.72	14.37
质量成本全时当量(人年)	0.95	0.94	1.2	1.71	2.03	2.69	2.98
人员劳务费:基本工资(万元)	21.27	25.49	29.12	57.22	69.69	83.63	83.63
人员劳务费:绩效工资(万元)	43.98	54.72	62.70	114.32	116.88	140.26	140.26
日常性支出:保障类差旅(万元)	5.05	5.22	2.58	4.92	9.47	7.84	7.84
日常性支出:开发类差旅(万元)	0.40	1.78	3.13	6.10	4.72	1.4	1.4
成果奖励(项)	1	3	5	3	4	17	21
职称和型号职务(分)	12	15	16	33	36	42	36
设计输出 1(套)	5	10	10	13	15	34	27
设计输出 2(套)	2	1	7	11	10	17	12
设计输出 3(套)	1	3	3	7	5	5	7
产品 1(台)	13	14	15	9	14	43	52
产品 2(台)	5	4	7	12	8	21	26
产品 3(台)	3	5	6	5	11	11	15

结合科研班组的实际情况，设定投入（或产出）要素占总投入（或总产出）比重的下限与上限。

15.2　班组效能结果分析

经过模型计算后，得到 2017 年至 2023 年第 13 研究所 A1 班组效能，结果如表 15－2 所示。

表 15－2　2017 年至 2023 年 13 研究所 A1 班组效能

年份	2017	2018	2019	2020	2021	2022	2023	平均
班组效能	0.996 5	0.682 3	0.981 0	0.770 9	0.822 7	1.589 8	1.806 4	1.092 8

根据表 15－2 内容，绘制 2017 年至 2023 年 13 研究所 A1 效能图，具体见图 15－1 所示。

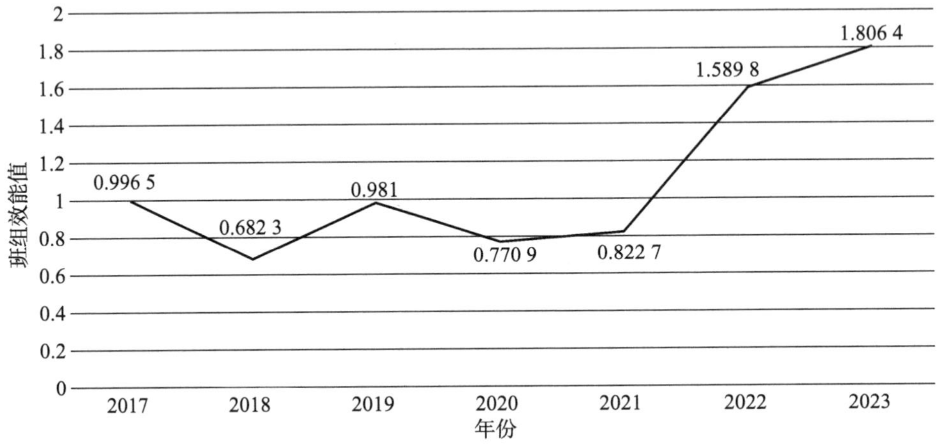

图 15－1　2017 年至 2023 年 13 研究所 A1 班组效能

效能是一个研发产出与研发投入的相对比值，比值越趋近于 1，表明班组岗位研发效能越高，研发资源利用越充分，资源使用不存在浪费现象。由图 15－1 可知，2017 年至 2023 年 103 室 A1 班组效能在 0.682 3 至 1.806 4 的区间内波动，其中 2023 年的效能最高，达到 1.806 4；2018 年效能最低，仅为 0.682 3；平均效能达到 1.092 8。

15.3　班组资源利用效率与成本调控

15.3.1　资源利用效率

研发资源利用效率为模型计算得出的每项研发期望（最优）投入与实际研发投入的比值，反映科研班组想要达到现有产出水平所需最佳的研发资源投入程度。

$$研发资源利用效率=\frac{期望研发投入}{实际研发投入}\times 100\% \tag{15-1}$$

经上式计算后，得到第 13 研究所 A1 班组研发资源利用效率，结果如表 15－3 所示。

表 15－3　第 13 研究所 A1 班组研发资源利用效率

项目	2017	2018	2019	2020	2021	2022	2023	平均值
研发全时当量	100.00%	60.97%	98.10%	75.36%	75.99%	77.21%	92.41%	82.86%
质量成本全时当量	99.97%	75.69%	98.10%	89.28%	82.78%	88.16%	90.23%	89.17%
绩效工资	100.00%	62.32%	98.10%	75.83%	89.41%	114.30%	129.50%	95.64%

续表

项目	2017	2018	2019	2020	2021	2022	2023	平均值
保障类差旅	95.43%	28.53%	98.10%	68.01%	39.73%	68.89%	78.05%	68.11%
开发类差旅	100.00%	101.42%	98.10%	66.48%	96.71%	467.61%	529.79%	208.59%

研发资源利用效率小于 1，表示资源利用不充分，资源使用存在冗余；效率等于 1，表示资源利用水平达到较高，不存在明显地浪费；效率大于 1，表示资源利用十分充分。由表 15－3 可知，第 13 研究所 A1 的开发类差旅的平均利用效率水平最高，达到 208.59%；保障类差旅利用效率水平最低，仅为 68.11%。

根据表 15－3 内容，绘制第 13 研究所 A1 班组研发资源利用效率图，详见图 15－2 所示。

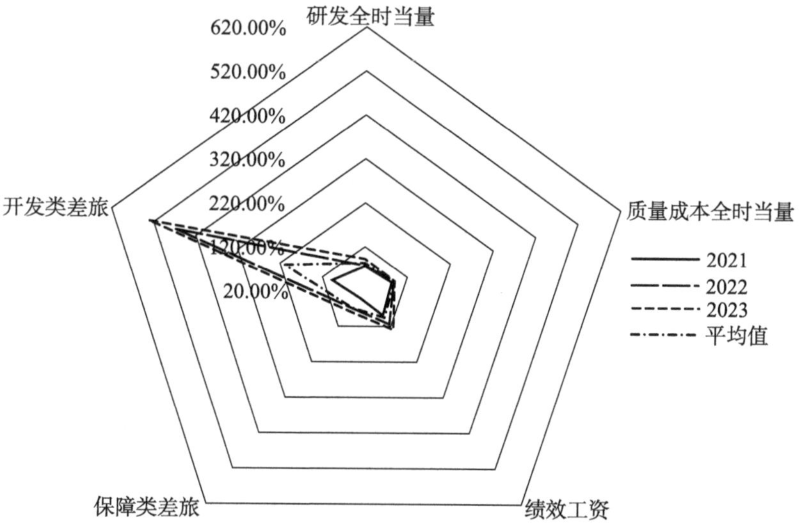

图 15－2　13 研究所 A1 班组研发资源利用效率比较

由图 15－2 可知，2023 年科研班组的效能有提升，但仍需努力不断地完善自身的不足，进一步提高班组的效能。

15.3.2　成本调控

根据模型预计 2023 年的班组效能达到 1.806 4，班组效能大于 1，因而该年班组的各项投入控制在与该年产出水平相匹配的各项投入期望值（模型给出的最低成本投入）以下，即 2023 年的各项实际投入在介于各项投入预估值与各项投入期望值的区间内。具体内容如表 15－4 所示。

表 15－4　2023 年班组投入资源成本调控区间

指标	成本下边界	成本上边界
研发全时当量	11.39	10.53
质量成本全时当量	2.98	2.68
绩效工资	91.16	118.05
保障类差旅	7.06	5.51
开发类差旅	1.26	6.68

由表 15－4 可知，2023 年该科研班组各项投入在不大于成本的下边界时，班组的效能不会小于 1，表明班组研发成本得到有效控制；班组各项投入落入成本调控区间时，班组的效能则在［1，1.806 4］的区间内波动，表明班组研发成本呈降低趋势；班组各项投入大于成本上边界时，班组的效能则会小于 1，表明班组需要优化现有的研发成本。

15.4　班组期望产出率与产能决策

15.4.1　期望产出率值

期望产出率为模型计算得出的每项研发产出期望（最优）与实际研发产出的比值，反映科研班组维持现有研发投入的水平所期望达到研发产出最佳的程度。

$$期望产出率=\frac{期望研发产出}{实际研发产出}\times 100\% \tag{15－2}$$

经上式计算后，得到第 13 研究所 A1 班组期望产出率值，结果如表 15－5 所示。

表 15－5　第 13 研究所 A1 班组期望产出率

项目	2017	2018	2019	2020	2021	2022	2023	平均值
科技成果产出	100.35%	92.99%	100.33%	101.59%	136.86%	117.27%	94.66%	106.29%
职称和型号职务	100.35%	95.32%	102.84%	82.05%	77.94%	48.66%	56.61%	80.54%
设计输出 1	100.35%	87.44%	100.63%	127.38%	114.40%	36.76%	46.16%	87.59%
设计输出 2	100.35%	655.83%	107.82%	112.90%	128.70%	55.14%	77.89%	176.95%
设计输出 3	100.35%	88.60%	101.96%	71.91%	104.32%	75.98%	54.12%	85.32%
产品 1	100.35%	95.81%	102.91%	282.24%	188.02%	44.59%	36.76%	121.53%
产品 2	100.35%	154.98%	101.92%	97.83%	152.06%	42.19%	33.98%	97.62%
产品 3	100.35%	105.79%	101.45%	200.32%	94.36%	68.72%	50.25%	103.03%

期望产出率小于 1，表示该项产出超额完成，不需重点关注该项指标的提升；期望产出率等于 1，表示实际产出恰好等于最优产出水平；期望产出率大于 1，表示实际产出未达到最优产出水平，需要重点关注该项指标的提高。根据上表内容，绘制 2021 年、2022 年与 2023 年第 13 研究所 A1 班组期望产出率的比较图，具体如图 15－3 所示。

由图 15－3 可知，2023 年科研班组的期望产出率都小于 100%，不需要特别关注任一产出指标的提升。

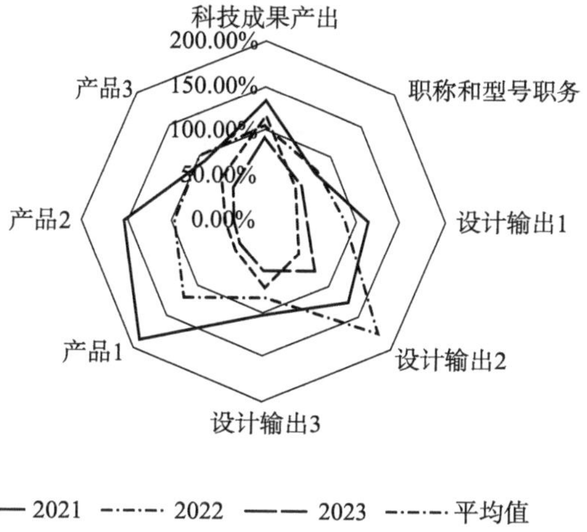

图 15－3　第 13 研究所 A1 班组期望产出率比较

15.4.2　产能决策

根据模型预计 2023 年的班组效能达到 1.806 4，班组效能大于 1，因而该年各项产出应控制在与该年投入水平相匹配的各项产出期望值（模型给出的最大产出）以上，即 2023 年的各项实际产出介于各项产出期望值与各项产出计划制定值的区间内。具体内容如表 15－6 所示。

表 15－6　2023 年班组产能决策区间

指标	产出下边界	产出上边界
科技成果产出	19.88	21
职称和型号职务	20.38	36
设计输出 1	12.46	27
设计输出 2	9.35	12
设计输出 3	3.79	7
产品 1	19.12	52
产品 2	8.83	26
产品 3	7.54	15

由表 15－6 可知，2023 年该科研班组各项产出在不小于产出的下边界时，班组的效能不会小于 1，表明班组产出水平保持在正常水平；班组各项产出落入产能决策区间时，班组的效能则在［1，1.806 4］的区间内波动，表明班组研发产出呈增长趋势；班组各项产出大于产出上边界时，班组的效能则会小于 1，表明班组需要提高现有的研发产出水平。

第 16 章　科研班组效能优化效果

16.1　科研班组整体效能

经模型计算后，得到 2018—2022 年 21 个科研班组的效能结果，具体内容如表 16－1 所示。

表 16－1　2018—2022 年科研班组效能

单位	班组	2018	2019	2020	2021	2022	年均增长率
13 研究所	A5	0.532 115	0.827 144	0.488 525	0.727 995	0.809 3	11.05%
13 研究所	A6	0.595 904	0.753 691	0.559 363	0.727 292	1.529 593	26.58%
13 研究所	A7	0.349 303	0.827 925	0.495 723	0.565 814	1.448 275	42.70%
13 研究所	A1	0.263 262	0.368 519	0.398 619	0.859 539	0.436 095	13.45%
13 研究所	A8	0.492 538	0.844 238	0.606 11	0.691 667	0.487 547	−0.25%
13 研究所	A9	0.554 469	0.612 939	0.704 585	0.715 013	1.190 685	21.05%
13 研究所	A10	0.615 736	0.930 902	0.537 917	0.861 852	1.843 195	31.54%
13 研究所	A11	0.383 269	0.770 448	0.774 973	0.842 582	0.430 817	2.97%
13 研究所	A12	0.297 902	0.616 95	0.517 734	0.666 299	2.804 775	75.17%
35 厂	A3	0.512 964	0.830 661	0.861 28	0.700 447	0.826 806	12.68%
25 研究所	A13	0.751 248	0.739 067	0.821 538	0.893 804	1.062 597	9.06%
35 厂	A14	0.464 666	0.247 122	0.188 943	0.863 199	0.860 756	16.66%
12 研究所	A15	0.283 64	0.309 018	0.872 347	0.858 006	0.570 402	19.08%
13 研究所	A16	0.663 636	0.816 107	0.786 916	0.860 974	0.672 657	0.34%
16 厂	A4	0.355 676	0.214 338	0.395 493	0.689 267	0.758 686	20.85%
25 研究所	A17	0.397 531	0.418 804	0.821 365	0.633 786	1.089 966	28.68%
14 厂	A18	0.198 182	0.142 382	0.119 555	0.847 251	1.035 874	51.20%
13 研究所	A19	0.513 203	0.676 248	0.862 828	0.857 501	1.334 402	26.98%
17 研究所	A2	0.619 236	0.591 972	0.819 335	0.855 515	1.168 258	17.20%
25 研究所	A20	0.374 425	0.634 23	0.785 173	0.863 23	1.836 128	48.81%
25 研究所	A21	0.636 282	0.469 5	0.892 662	0.960 118	1.423 798	22.31%

由表 16－1 可知，科研班组年均效能基本呈增长态势，其中：A12 的效能年均增长率最高，达到 75.17%；A20、A18 和 A7，3 个班组的效能年均增长率在 40%以上；A10 班组的效能年均增长率在 30%以上；A19、A21、A17、A4、等班组的效能年均增长率在 20%～29%之间；其余班组效能年均增长率在 20%以内。这说明随着科研班组效能的提

升，班组乃至企业的科研成本都已得到了有效地控制，呈现降本增效趋势。

根据表 16－1，经计算得到 2017—2023 年航天企业 21 个科研班组平均效能，结果如表 16－2 所示 。

表 16－2　2017—2023 年科研班组平均效能

	2017	2018	2019	2020	2021	2022	2023(预计)
效能	0.505 8	0.469 3	0.602 0	0.633 9	0.787 7	1.124 8	1.251 8
增长率		−7.22%	28.28%	5.29%	24.27%	42.80%	11.29%

当科研班组效能小于 1 时，表示班组科研资源总投入利用不充分，资源使用存在浪费现象；科研班组效能等于 1，表示班组科研资源总投入利用水平达到较高水平，不存在明显地浪费。由表 16－2 可知，2022 年航天企业的科研班组平均效能增幅最大，达到 42.80%，效能达到 1.124 8，表明在现有研发资源最优利用水平下，产出水平相应增加 1.124 8 倍；或是在现有最佳产出水平不变的情况下，投入成本为 1/1.124 8＝88.90%，也就是说可以节省成本 11.10%。根据上表，绘制 2017—2023 年科研班组平均效能图，如图 16－1 所示。

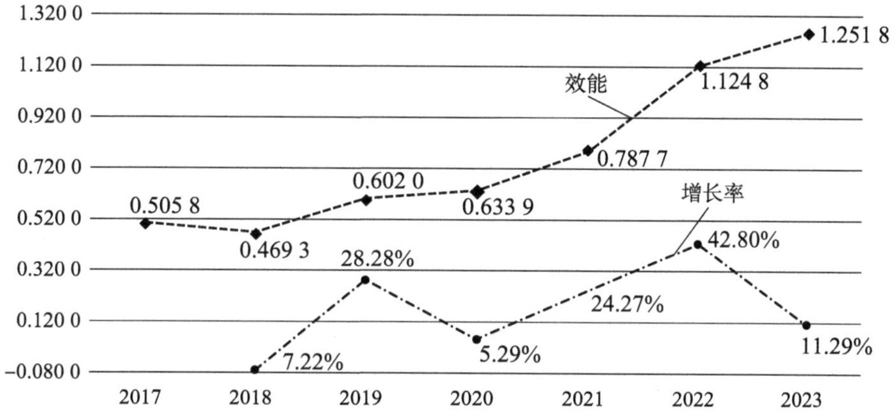

图 16－1　2017—2023 年科研班组平均效能

由图 16－1 可知，2017—2023 年科研班组平均效能在 0.46 至 1.26 的区间内波动。除 2018 之外出现了效能下降，其余年份的科研班组效能都呈现上升趋势，尤其是 2022 年的班组效能提升了 42.80%，表明节省了 42.80% 的成本。2021 年的班组效能提升了 24.27%，也相应地节省了 24.27%的成本。预计 2023 年的班组效能提升 11.29%，达到 1.251 8。

16.2　科研班组效能增长成因

经计算得到 2017—2023 年科研班组效能成因，结果如表 16－3 所示。

表 16－3　2017—2023 年科研班组效能成因

贡献率	2018	2019	2020	2021	2022	2023(预计)
效率改善贡献率	161.76%	56.92%	73.97%	83.01%	−32.69%	−23.30%
技术进步贡献率	−61.76%	43.08%	55.84%	16.99%	67.31%	76.70%

由表 16－3 可知，除 2018 年之外，2019—2023 年科研班组效能的提升主要得益于班组效率的改善，也就是合理化配置科研人员、有效的人员激励机制。技术进步对科研班组增长的贡献作用程度呈波动态势，并总体呈上升趋势。2022 年，科研班组效能增长 67.31%原因是技术进步。因此，企业应在新技术的跟踪、应用方面应加大力度，并保持及优化人员与工资的配置水平。

（1）科研班组效能增长贡献率

经计算得到 2022 年科研班组效能，结果如表 16－4 所示。

表 16－4　2022 年科研班组效能增长贡献率

班组	效能	平均增长率	效率提升贡献率	技术进步贡献率
A5	0.809 300	10.95%	−45.48%	54.52%
A6	1.529 593	110.08%	39.78%	139.78%
A7	1.448 275	153.72%	35.04%	64.96%
A1	0.436 095	−49.28%	−67.35%	32.65%
A8	0.487 547	−30.11%	−60.33%	39.67%
A10	1.843 195	113.78%	9.28%	109.28%
A11	0.430 817	−48.90%	−42.63%	57.37%
A12	2.804 775	320.80%	0.73%	100.73%
A16	0.672 657	−22.12%	58.00%	−42.00%
A9	1.190 685	66.00%	−9.82%	90.18%
A19	1.334 402	55.56%	−5.26%	94.74%
A15	0.570 402	−33.57%	−38.53%	61.47%
A2	1.168 258	36.51%	−20.29%	79.71%
A21	1.423 798	48.24%	51.77%	48.23%
A20	1.836 128	112.62%	6.74%	106.74%
A13	1.062 597	17.73%	−42.65%	57.35%
A17	1.089 966	71.11%	42.07%	57.93%
A18	1.035 874	22.23%	−40.15%	59.85%
A4	0.758 686	9.82%	−45.96%	54.04%
A14	0.860 756	−0.32%	50.12%	−49.88%
A3	0.826 806	16.77%	−42.49%	57.51%

由表 16－4 可知，2022 年大部分班组的效能增长仍是得益于技术进步对效能增长的贡献，A12、A9 以及 A19 等班组的技术贡献率在 90%以上。

(2) 科研班组效能—产出增长率矩阵图

表 16－5 反映 2022 年科研班组效能—产出增长率情况。

表 16－5　2022 年科研班组效能—产出增长率

班组	2022 年增长率	效能
A18	131.63%	1.035 874
A7	66.28%	1.448 275
A9	59.39%	1.190 685
A6	45.60%	1.529 593
A10	41.60%	1.843 195
A19	35.33%	1.334 402
A21	29.75%	1.423 798
A2	28.27%	1.168 258
A12	21.70%	2.804 775
A20	19.56%	1.836 128
A14	17.50%	0.860 756
A3	14.69%	0.826 806
A13	11.88%	1.062 597
A16	6.11%	0.672 657
A4	5.82%	0.758 686
A17	−1.61%	1.089 966
A11	−10.33%	0.430 817
A8	−11.84%	0.487 547
A1	−15.03%	0.436 095
A5	−16.22%	0.809 300
A15	−27.30%	0.570 402
平均	21.56%	1.124 791

根据 2022 年科研班组效能与产出增长率指标，绘制 2022 年科研班组效能—产出增长率矩阵图。根据 2022 年科研班组效能与产出增长率两项指标均值，可将班组划分为四种类型。其中：产出增长率与效能增长率都高的班组，属于保持优势区；产出增长率较低，但班组效能高的班组，属于产能提升区；产能增长率与效能都低的班组，属于关键改进区；产出增长率较高，但效能较低的班组，则属于效能改进区，详见图 16－2 所示 。

由图 16－2 可知，A9、A7、A19 等班组需要继续保持其在效能和科研产出提升方面的优势；A20 虽然效能较高，但产出增长率一般，因而需要继续提升科研产出；A5、A11 以及 A16 等班组由于产出增长率与效能都较低，因而成为关键改进的班组；A18 虽然产出提升较快，但效能较低，因而需要提升班组效能。

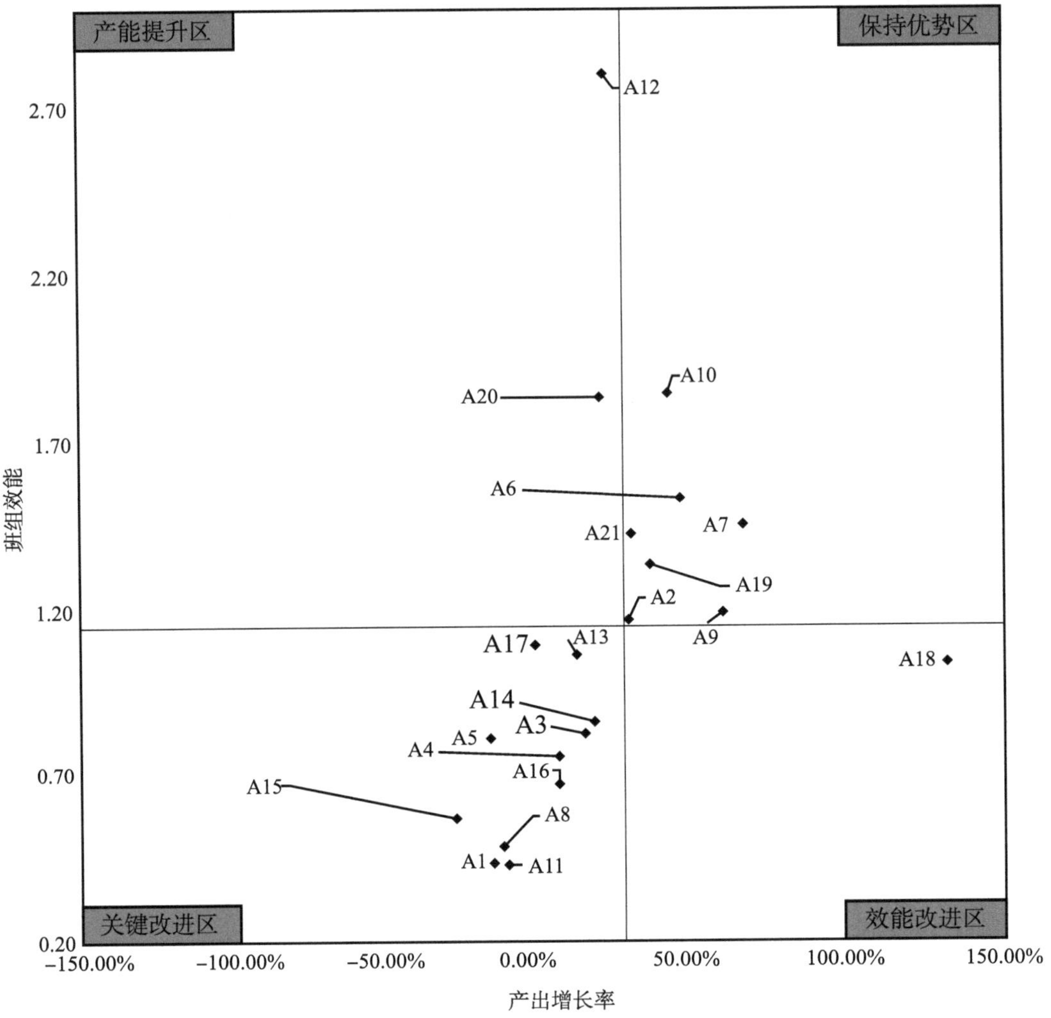

图 16－2　2022 年科研班组效能—产出增长率矩阵图

16.3　科研班组效能改进路径

经计算得到 2022 年科研班组效能改进路径，结果见图 16－3 所示。

由图 16－3 可知，提高科研班组研究人员与绩效工资的利用水平，可以促进班组效能的提升。

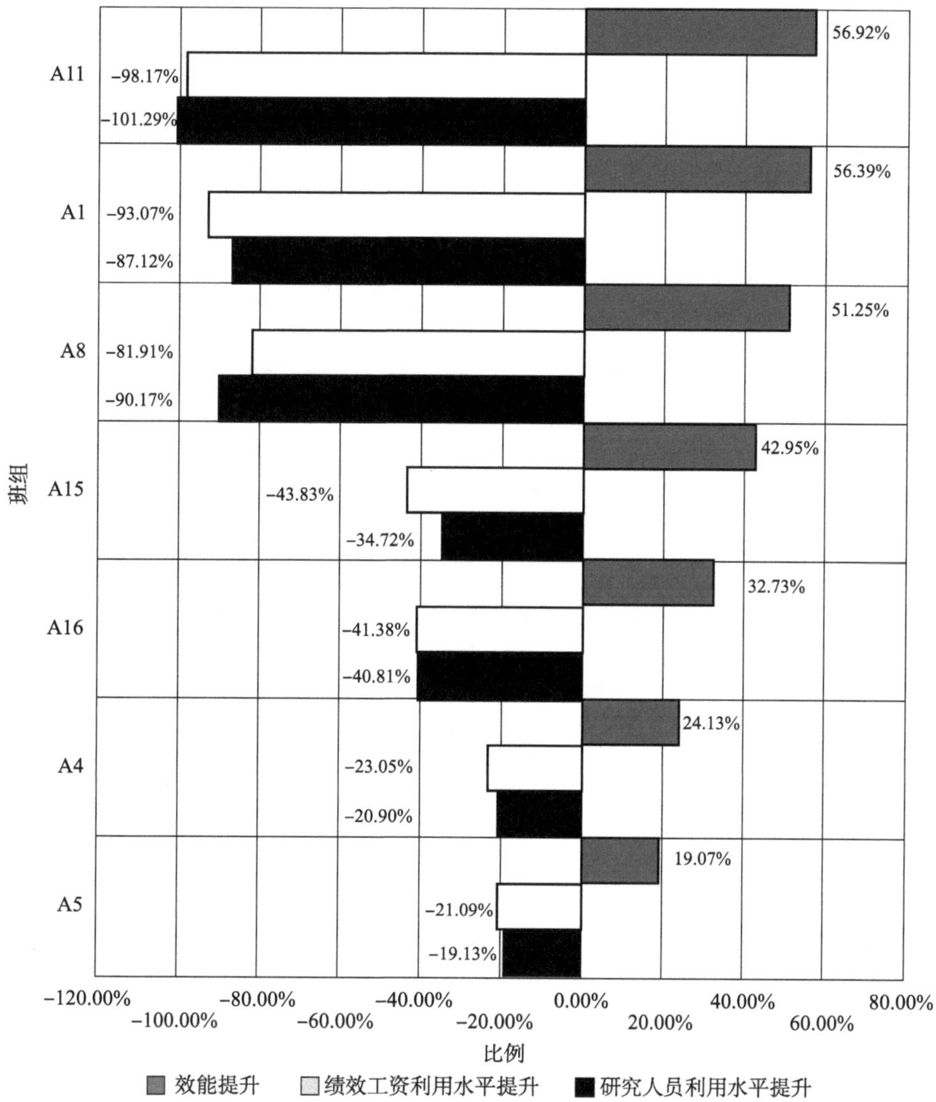

图 16－3　2022 年科研班组效能改进路径

第 17 章　生产班组效能优化效果

17.1　生产班组整体效能

经模型计算后，得到 2018—2022 年 21 个生产班组的效能结果，具体内容如表 17－1 所示。

表 17－1　2018—2022 年生产班组效能

单位	班组	2018	2019	2020	2021	2022	平均增长率
12 研究所	B10	0.536 9	0.602 2	0.967 1	0.984 1	34.812 4	183.77%
35 厂	B2	0.032 1	0.288 7	0.373 4	0.988 6	1.374 8	155.74%
14 厂	B14	0.061 2	0.109 1	0.078 3	0.988 9	1.737	130.78%
14 厂	B20	0.070 6	0.398 8	0.496 3	0.988 9	1.429 4	112.15%
16 厂	B1	0.127 2	0.302 1	0.506 9	0.977 3	1.562 7	87.23%
14 厂	B8	0.187 1	0.349 2	0.336 1	0.781 6	1.911 8	78.79%
17 研究所	B7	0.158 2	0.141 1	0.114	0.987 6	1.480 6	74.90%
16 厂	B15	0.156 8	0.346 8	0.717	0.773 8	1.123 2	63.60%
16 厂	B18	0.312 6	0.488 2	0.980 7	0.977 9	1.675 6	52.16%
19 研究所	B9	0.743 8	0.948 8	0.622	0.988 9	3.099 8	42.88%
12 研究所	B19	0.416 5	0.741 9	0.190 3	0.946	1.561 7	39.16%
25 研究所	B21	0.501 5	0.499 7	0.785 4	0.988 9	1.858 9	38.75%
16 厂	B5	0.355 3	0.400 7	0.581 4	0.884 6	1.218 3	36.08%
16 厂	B12	0.306 2	0.589 8	0.902 2	0.530 2	0.840 1	28.71%
14 厂	B11	0.728 9	0.728 6	0.888	0.988 9	1.989 1	28.53%
17 研究所	B3	0.968 7	0.659 2	0.647 6	0.978 8	1.988 5	19.70%
16 厂	B16	0.323 8	0.887 7	0.825 7	0.931 4	0.610 9	17.20%
17 研究所	B4	0.823 2	0.767 1	0.679	0.988 9	1.460 1	15.40%
17 研究所	B13	0.739 5	0.815 2	0.890 2	0.988 9	1.215 2	13.22%
17 研究所	B17	0.964 1	0.945 6	0.954 7	0.981	1.299 7	7.75%
38 厂	B6	0.170 9	0.326 5	0.030 2	0.152 9	0.138	−5.22%

由表 17 - 1 可知，除 B6 之外，其余 20 生产班组效能呈年均增长态势，其中：B10、B2、B14 以及 B20 组等 4 个班组的效能年均增长率在 100%以上；B1 的效能年均增长率在 80%以上；其余班组年均增长率则基本在 7%至 80%之间。这说明随着生产班组效能的提升，班组乃至企业的生产成本都已得到了有效的控制，呈现降本增效趋势。

根据 17 - 1 表，经计算得到 2017—2023 年航天企业 21 个生产班组平均效能，结果如表 17 - 2 所示。

表 17 - 2　2018—2023 年生产班组平均效能

	2018	2019	2020	2021	2022	2023(预计)
效能	0.413 6	0.539 9	0.598 4	0.895 1	3.066 1	7.266 7
增长率		30.54%	10.84%	49.59%	242.52%	137.00%

当生产班组效能小于 1 时，表示班组生产资源总投入利用不充分，资源使用存在浪费现象；生产班组效能等于 1，表示班组生产资源总投入利用水平达到较高，不存在明显的浪费。由表 17 - 2 可知，2022 年航天企业的生产班组平均效能增长率最大，达到 242.52%，效能为 3.066 1，表明在现有生产资源最优利用水平下，产出水平相应增加 3.066 1 倍；或是在现有最佳产出水平不变的情况下，投入成本为 1/3.066 1＝32.61%，也就是说可以节省成本 67.39%。根据表 17 - 2，绘制 2018—2023 年生产班组平均效能图，具体如图 17 - 1 所示。

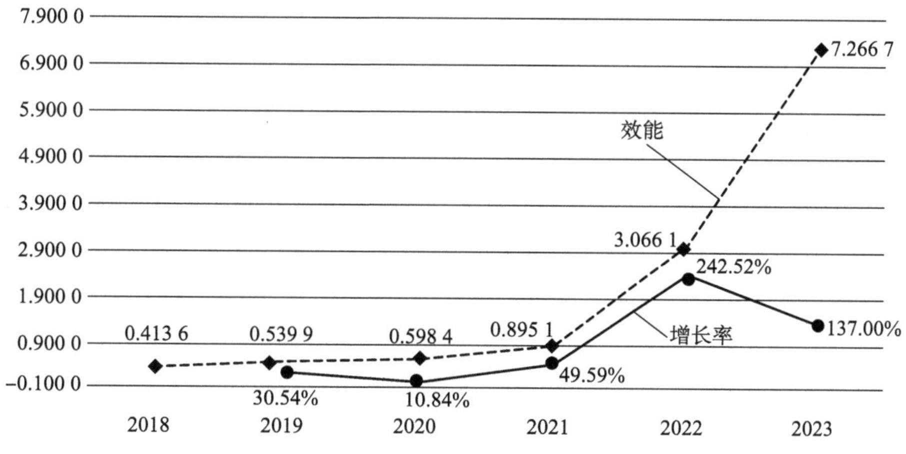

图 17 - 1　2018—2023 年生产班组平均效能

由图 17 - 1 可知，2018—2023 年生产班组平均效能在 0.41 至 7.3 的区间内波动，历年生产班组效能都呈上升趋势，尤其是 2022 年的班组效能提升了 242.52%，表明相比 2020 年节约了 67.39%的成本。

17.2　生产班组效能增长及成因

经计算得到 2018—2023 年生产班组效能成因，结果如表 17 - 3 所示。

表 17-3 2018—2023 年生产班组效能成因

贡献率	2018	2019	2020	2021	2022	2023(预计)
效率提升贡献率	131.00%	74.98%	82.75%	100.96%	−34.00%	−23.30%
技术进步贡献率	−31.00%	25.02%	17.25%	−0.96%	66.00%	76.70%

由表 17-3 可知，2018—2023 年生产班组效能的提升主要得益于班组效率的改善，也就是合理化地配置科研人员、有效地人员激励机制。2022 年，生产班组效能增长 66.00% 的原因来源于技术进步。因此，今后航天企业应在新技术的跟踪、应用方面应加大投入，继续保持及优化人员、工资与生产费用的配置水平。

(1) 生产班组效能增长贡献率

经计算得到 2022 年生产班组效能，结果如表 17-4 所示。

表 17-4 2022 年生产班组效能增长贡献率

班组	效能	增长率	效率提升贡献率	技术进步贡献率
B19	1.561 7	65.10%	−41.09%	58.91%
B10	34.812 4	3437.35%	1.05%	98.95%
B4	1.460 1	47.65%	−43.37%	56.63%
B13	1.215 2	22.89%	18.65%	81.35%
B3	1.988 5	103.15%	20.04%	79.96%
B7	1.480 6	49.91%	−43.15%	56.85%
B17	1.299 7	32.34%	17.70%	82.30%
B9	3.099 8	213.47%	−61.14%	161.14%
B21	1.858 9	87.98%	−38.48%	61.52%
B20	1.429 4	44.55%	−42.91%	57.09%
B14	1.737 0	75.66%	−5.87%	105.87%
B8	1.911 8	144.60%	−34.27%	65.73%
B11	1.989 1	101.14%	−34.59%	65.41%
B18	1.675 6	71.27%	21.75%	78.25%
B15	1.123 2	45.14%	−41.67%	58.33%
B12	0.840 1	58.44%	−41.75%	58.25%
B5	1.218 3	37.71%	12.61%	87.39%
B1	1.562 7	59.90%	−40.36%	59.64%
B16	0.610 9	−34.47%	19.94%	80.06%
B6	0.138 0	−9.81%	−67.35%	32.65%
B2	1.374 8	39.07%	−67.35%	32.65%

由表 17-4 可知，班组的效能增长仍是得益于技术进步对效能增长的贡献。

(2) 生产班组效能—产出增长率矩阵图

表 17-5 反映 2022 年生产班组效能—产出增长率情况。

表 17－5 2022 年生产班组效能—产出增长率

班组	2022 年增长率	效能
B19	30.53%	1.561 7
B10	14.99%	34.812 4
B4	24.02%	1.460 1
B13	12.00%	1.215 2
B3	5.95%	1.988 5
B7	50.07%	1.480 6
B17	7.50%	1.299 7
B9	29.77%	3.099 8
B21	37.61%	1.858 9
B20	21.59%	1.429 4
B14	25.56%	1.737 0
B8	124.21%	1.911 8
B11	45.49%	1.989 1
B18	19.29%	1.675 6
B15	16.62%	1.123 2
B12	11.42%	0.840 1
B5	32.08%	1.218 3
B1	27.52%	1.562 7
B16	5.38%	0.610 9
B6	0.13%	0.138 0
B2	18.24%	1.374 8
平均	26.66%	3.066 1

根据 2022 年生产班组效能与产出增长率指标，绘制 2022 年生产班组效能—产出增长率矩阵图。根据 2022 年生产班组效能与产出增长率两项指标均值，可将班组划分为四种类型。其中：产出增长率与效能增长率都高的班组，属于保持优势区；产出增长率较低，但班组效能高的班组，属于产能提升区；产能增长率与效能都低的班组，属于关键改进区；产出增长率较高，但效能较低的班组，则属于效能改进区，如图 17－2 所示。

由图 17－2 可知，B11、B8、B7、B21 以及 B5 需要继续保持其在效能和产能提升方面的优势；B3、B20、B15、B17 等班组虽然效能较高，但产出增长率一般，因而需要继续提升产能；B12、B16 以及 B6 由于产出增长率与效能都较低，因而成为关键改进的班组；但整体缺少效能改进区的班组。

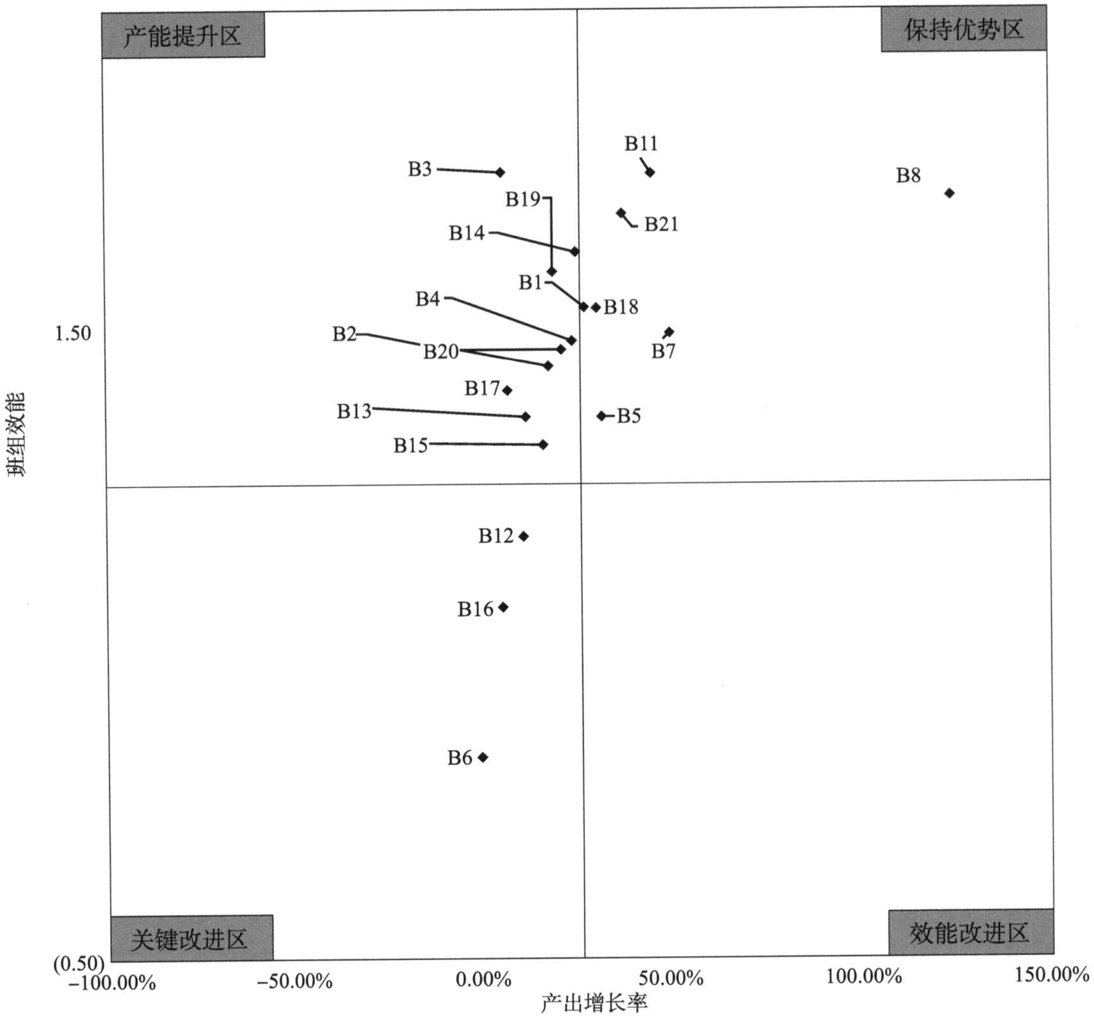

图 17-2　2022 年生产班组效能—产出增长率矩阵图

17.3　生产班组效能改进路径

经计算得到 2022 年生产班组效能改进路径，结果见图 17-3 所示。

由图 17-3 可知，提高生产班组人员、绩效工资与生产费用的利用水平，可以促进班组效能的提升。

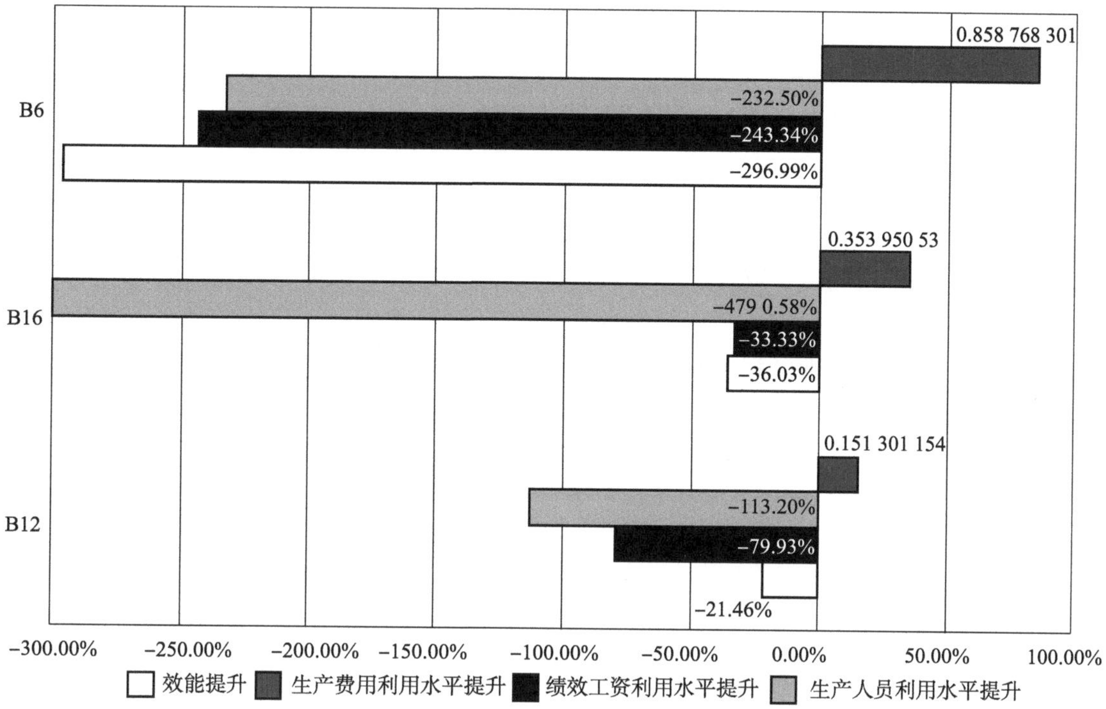

图 17-3　2022 年生产班组效能改进路径

第 18 章　保障班组效能优化效果

18.1　保障班组整体效能

经模型计算后，得到 2018—2022 年 5 个保障班组的效能结果，具体内容如表 18－1 所示。

表 18－1　2018—2022 年保障班组效能

单位	班组	2018	2019	2020	2021	2022	年均增长率
35 厂	C2	0.769 4	0.793 2	0.962 6	0.986 5	1.263 6	13.21％
33 厂	C3	0.765 2	0.646 2	0.824 5	0.986 5	1.287	13.88％
16 厂	C4	0.359 1	0.856	0.981 1	0.982 5	1.413 9	40.86％
27 研究所	C1	0.580 9	0.747 6	0.724 7	0.566 8	0.940 5	12.80％
14 厂	C5	0.475 1	0.527 6	0.647 2	0.951 5	2.178 3	46.33％

由表 18－1 可知，保障班组效能呈年均增长态势，其中：C5 的效能年均增长率达到 46.33％；C4 的效能年均增长率达到 40.86％；其余班组的年均效能均在 20％以内。这说明随着保障班组效能的提升，班组乃至企业的保障成本都已得到了有效地控制，呈现降本增效趋势。

根据表 18－1，经计算得到 2018—2023 年航天企业 5 个保障班组平均效能，结果见表 18－2 所示。

表 18－2　2018—2023 年保障班组平均效能

	2018	2019	2020	2021	2022	2023(预计)
效能	0.589 9	0.714 1	0.828 0	0.894 8	1.416 7	1.358 4
增长率		21.05％	15.95％	8.06％	58.33％	－4.11％

当班组效能小于 1 时，表示班组保障资源总投入利用不充分，资源使用存在浪费现象；班组效能等于 1，表示班组保障资源总投入利用水平达到较高，不存在明显地浪费。由表 18－2 可知，2022 年航天企业的保障班组平均效能最大，达到 1.416 7，表明保障人员、绩效工资得到充分利用。根据表 18－2，绘制 2018—2023 年保障班组平均效能图，具体如图 18－1 所示。

由图 18－1 可知，2018—2023 年保障班组平均效能在 0.58 至 1.5 的区间内波动，历年保障班组效能都呈上升趋势，尤其是 2022 年的班组效能提升了 58.33％，表明节省了 58.33％的成本。

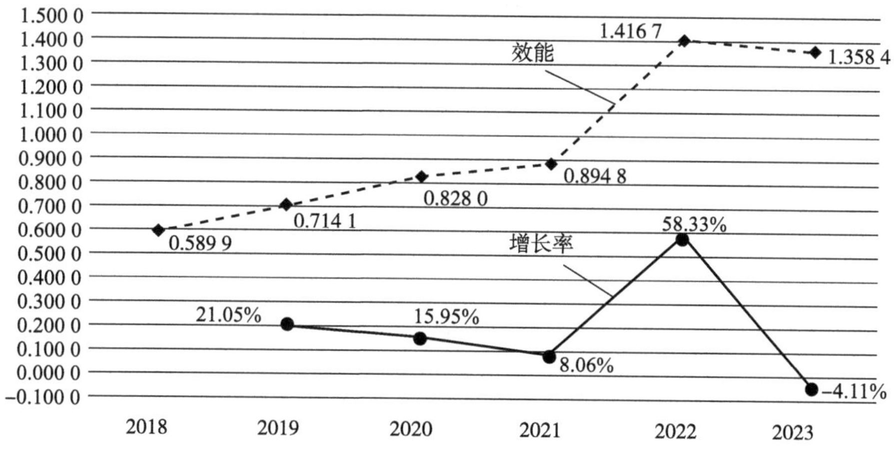

图 18－1　2018—2023 年保障班组平均效能

18.2　保障班组效能增长及成因

经计算得到 2018—2023 年保障班组效能成因，结果如表 18－3 所示。

表 18－3　2018—2023 年保障班组效能成因

贡献率	2018	2019	2020	2021	2022	2023(预计)
效率提升贡献率	－13.82%	81.04%	－25.03%	146.58%	57.75%	－22.43%
技术进步贡献率	113.82%	18.96%	125.03%	－46.58%	－42.25%	77.57%

由表 18－3 可知，2018—2023 年保障班组效能增长既有来源于效率提升的贡献率，也有来源于技术进步的贡献率。

18.3　保障班组效能改进路径

经计算得到 2022 年保障班组效能，结果如表 18－4 所示。

表 18－4　2022 年保障班组效能增长贡献率

班组	效能	增长率	效率提升贡献率	技术进步贡献率
C2	1.263 6	25.48%	64.14%	－35.86%
C3	1.287 0	27.79%	79.17%	－20.83%
C4	1.413 9	40.87%	66.48%	－33.52%
C1	0.940 5	61.88%	75.80%	－24.20%
C5	2.178 3	123.48%	79.37%	－20.63%

由表 18－4 可知，大部分班组的效能增长仍是得益于效率的改善，技术进步对效能增长的贡献作用不明显。

经计算得到 2022 年保障班组效能改进路径，结果如图 18－2 所示。

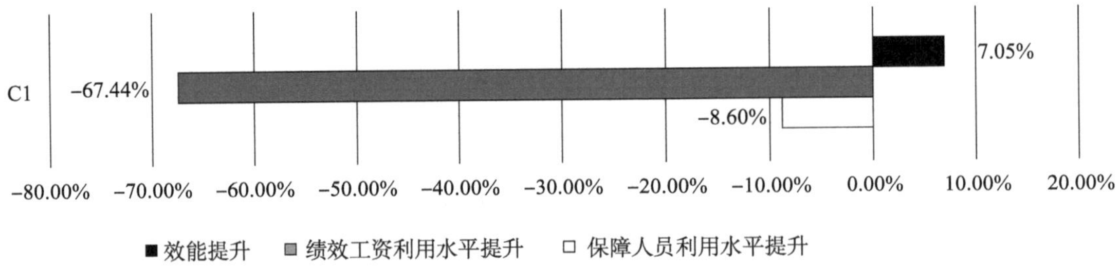

图 18－2　2022 年保障班组效能改进路径

由图 18－2 可知，提高保障班组人员与绩效工资的利用水平，可以促进班组效能的提升。

参 考 文 献

[1] 马春庆．为何用“行政效能”取代“行政效率”——兼论行政效能建设的内容和意义［J］．中国行政管理，2003，(4)：28－30.

[2] NASA. System Engineering Handbook［K］// NASA，SP－610S，1995. USA：NASA，1995.

[3] 斯蒂芬·P. 罗宾斯．组织行为学［M］．孙建敏，李原，译．第7版．北京：中国人民大学出版社，1997.

[4] 阿吉斯．绩效管理［M］．刘昕，曹仰锋，译．北京：中国人民大学出版社，2008.

[5] 梁百川，唐世荣．C～3CM（C～2W）系统效能评价技术［J］．系统工程理论与实践，1998，(3)：32－42.

[6] 潘高田，周电杰，王远立，等．系统效能评价ADC模型研究和应用［J］．装甲兵工程学院学报，2007，(2)：5－7.

[7] 白松浩．系统效能指数和效能因子的计算模型与方法［J］．系统工程理论与实践，2010，30(11)：2112－2120.

[8] Charnes A，Cooper W W，Rhodes E．Measuring the efficiency of decision making units［J］．European Journal of Operational Research，1978，2 (6)：429－444.

[9] Zhu J. Multi－factor performance measure model with an application to Fortune 500 companies［J］．European Journal of Operational Research，2000，123 (1)：105－124.

[10] Lu WM，Liu JS，Kweh Q L，et al. Exploring the benchmarks of the Taiwanese investment trust corporations：Management and investment efficiency perspectives［J］．European Journal of Operational Research，2016，248 (2)：607－618.

[11] 张权．跨区域创新网络视角下中国区域创新影响力研究［M］．兰州大学出版社，2022.

[12] 王立民．真抓实干 以“实”求“效”——学习领会习近平总书记治国理政的效能思想［J］．紫光阁，2017 (03)：33－35.

[13] 周忠宝，孙亮，刘德彬，等．存在保证域的模糊非径向偏好DEA模型——基于中科院24个研究所的实证分析［J］．中国管理科学，2014，22 (02)：75－84.

[14] 张杰，唐宏，苏凯．效能评估方法研究［M］．北京：国防工业出版社，2009.

[15] 薛昱，杨卓鹏，杨怡欣．北斗卫星导航系统效能综合建模与分析研究［J］．系统工程理论与实践，2022，42 (01)：262－272.

[16] 胡潇．时、空相关性及其社会效能转化片论——一个马克思的理念简析［J］．广东社会科学，2022 (03)：81－87.

[17] 吴晓锋，周智超．SEA方法及其在C～3I系统效能分析中的应用—（Ⅰ）概念与方法［J］．系统工程理论与实践，1998 (11)：67－70＋92.

[18] 赵志强，黄柯棣，倪忠仁．武器系统效能等效模型与算法［J］．系统仿真学报，2008 (05)：1103－1106.

[19] 郭齐胜，郅志刚，杨瑞平，等．装备效能评估概论［M］．北京：国防工业出版社，2005.

[20] 张小飞，袁化宇，敬文慧，等．基于数字孪生的航天测控设备预防性维护研究［J］．无线互联科技，2023，20（06）：96－98＋102.

[21] 张善翔，胡力宏，周巍，等．5G＋数字孪生在数字化工厂中的应用［J］．通信与信息技术，2023（04）：24－26＋117.

[22] 利剑清．基于物联网的数字化工厂中质量管理信息采集［J］．电子制作，2018（24）：70－72.

[23] 王晶，王彬，王军，严慧．基于信息化的精益生产管理［M］．北京：机械工业出版社，2016.

[24] 陈建强．战略驱动5S管理体系在制造企业中的应用分析［J］．中小企业管理与科技，2022，（08）：38－40.

[25] 郭成军．中材安徽水泥5S管理现状、问题与对策研究［D］．兰州理工大学，2021.

[26] 张安思．数字车间数据感知、融合及可视化研究［D］．贵州大学，2019.

[27] 郭洪飞．班组精益管理实践［M］．北京：机械工业出版社，2023.

[28] 高建祥，王家海，殷文明．基于领域驱动设计的韧性智能制造执行系统［J］．工程机械，2023，54（04）：7－13，6.

[29] 黄安心．企业班组现场管理［M］．华中科技大学出版社，2013.

[30] 陆君伟．班组精细化管理实务［M］．化学工业出版社，2014.

[31] 彭飞，马志．基于SLP和Plant Simulation的车间工艺布局设计研究［J］．现代制造工程，2019（09）：28－36.

[32] 杨剑，邱昌辉．班组长现场管理培训教程［M］．化学工业出版社，2017.

[33] 陆剑锋，张浩，赵荣泳．数字孪生技术与工程实践［M］．机械工业出版社．2021.

[34] 陈一华．制造企业数字赋能扩散及驱动商业模式创新的机理研究［D］．华南理工大学，2023.

[35] 沈玲．多能工资源约束下seru生产调度优化研究［D］．南京理工大学，2022.

[36] 刘佳龙．基于多能工配置的Seru生产联合优化问题研究［D］．沈阳工业大学，2022.

[37] 聂云楚，余弟录，孙亚彬．6S实战手册［M］．海天出版社，2004.

[38] 刘晓波，张世强，张道男，等．航天产品虚拟装配工艺仿真技术应用研究［J］．今日制造与升级，2023（02）：91－94.

[39] 吴复尧，刘黎明，许沂，等．3D打印技术在国外航空航天领域的发展动态［J］．飞航导弹，2013（12）：10－15.

[40] 胡峥．智能制造概论［M］．北京：机械工业出版社，2022.

[41] 刘强．智能制造概论［M］．北京：机械工业出版社，2021.

[42] 任长春，舒平生．智能制造概论［M］．北京：机械工业出版社，2021.

[43] 陈强，李湾．智能制造概论［M］．北京：机械工业出版社，2024.

[44] 李琼砚，路敦民，程朋乐．智能制造概论［M］．北京：机械工业出版社，2023.

[45] 陆剑峰，张浩，赵荣泳．数字孪生技术与工程实践——模型＋数据驱动的智能系统［M］．北京：机械工业出版社，2024.

[46] 任全彬，蒲德汉，房红．航天企业生产班组岗位效能评估方法与应用研究［J］．航天工业管理，2024，（03）：1－6.

[47] 王永杰，李婧，刘伟凯．航天固体火箭发动机科研班组岗位效能评估方法与应用研究［J］．航天工业管理，2022，（11）：56－60.

[48] 赵玉鹏，吴学智．舰艇编队融合通信网效能评估方法研究［J］．舰船电子工程，2016，36（11）：

55－58.

[49] 万众伟，李宁．模型驱动的效能评估流程柔性构建技术［J］．信息技术，2021，(03)：77－83.

[50] 焦军普．中国省级旅游产业效率现状及其经济效应分析［J］．文化产业研究，2015，(01)：24－35.

[51] 王亚华，吴凡，王争．交通行业生产率变动的 Bootstrap－Malmquist 指数分析（1980—2005）［J］．经济学（季刊），2008，(03)：891－912.

[52] 刘伟．基于 Bootstrap－Malmquist 指数的高新技术产业技术创新效率分析［J］．经济学动态，2013，(03)：42－52.

[53] 江广营，杨金霞．七种模式成就卓越班组：中国式班组建设最佳实践路径［M］北京：北京联合出版公司，2014.

[54] 韦建华．班组长管理基础知识［M］．北京：中国劳动社会保障出版社，2013.